FERRAMENTAS PARA O DESENVOLVIMENTO PROFISSIONAL EM ENGENHARIA
currículo, estágio no exterior e docência

EdUFSCar
SÃO CARLOS | 2019

Editora da Universidade Federal de São Carlos
Via Washington Luís, km 235
13565-905 – São Carlos, SP, Brasil
Telefax: (16) 3351-8137
edufscar@ufscar.br
www.edufscar.com.br
Twitter: @EdUFSCar
Facebook: /editora.edufscar

© 2019, dos autores

Coordenação Editorial
Vitor Massola Gonzales Lopes

Preparação e Revisão de Texto
Marcelo Dias Saes Peres
Daniela Silva Guanais Costa
Vivian dos Anjos Martins
Taciana Menezes

Editoração Eletrônica
Bianca Brauer
Walklenguer Oliveira

Coordenadoria de administração, finanças e contratos
Fernanda do Nascimento

Impressão e Acabamento
Meta Brasil

Ficha catalográfica elaborada pelo DePT da Biblioteca Comunitária da UFSCar

```
           Ferramentas para o desenvolvimento profissional em
F371e      Engenharia : currículo, estágio no exterior e docência /
           Organizadores: Daniel Rodrigo Leiva, Douglas Henrique
           Milanez, Tomaz Toshimi Ishikawa. -- São Carlos :
           EdUFSCar,  2019.
           49 p. — (Série Apontamentos).

           ISBN: 978-65-80216-08-6

           1. Engenharia - estudo e ensino. 2. Curriculum vitae. 3.
           Programas de estágio. 4. Universidades e faculdades - Corpo
           docente. I. Título.


                                          CDD: 620.007 (20ª)
                                          CDU: 62:371
```

Daniel Rodrigo Leiva é professor do Departamento de Engenharia de Materiais da UFSCar.
Douglas Henrique Milanez é pesquisador do Núcleo de Informação Tecnológica em Materiais do Departamento de Engenharia de Materiais da UFSCar.
Tomaz Toshimi Ishikawa é professor do Departamento de Engenharia de Materiais da UFSCar.

Todos os direitos reservados. Nenhuma parte desta obra pode ser reproduzida ou transmitida por qualquer forma e/ou quaisquer meios (eletrônicos ou mecânicos, incluindo fotocópia e gravação) ou arquivada em qualquer sistema de dados sem permissão escrita da editora.

SUMÁRIO

APRESENTAÇÃO 7

CURRÍCULOS E REDES SOCIAIS: VISIBILIDADE NO MERCADO 9
Bráulio Salumão de Oliveira e Tomaz Toshimi Ishikawa

A EXPERIÊNCIA DO ESTÁGIO NO EXTERIOR NA FORMAÇÃO DE DOUTORAMENTO 21
Débora Morato Pinto, Daniel Rodrigo Leiva e Tomaz Toshimi Ishikawa

REFLEXÃO SOBRE A FORMAÇÃO DOCENTE NA ENGENHARIA 33
Roberto Tomasi e Alice Helena Campos Pierson

SOBRE OS ORGANIZADORES 49

APRESENTAÇÃO

Esta publicação dá continuidade ao desenvolvimento de temas relacionados à formação profissional do engenheiro, voltados para aspectos que, muitas vezes, não são abordados nas disciplinas tradicionais dos cursos de graduação e pós-graduação. Este panorama tem sido aos poucos modificado pela introdução de metodologias de aprendizagem ativa e pela crescente valorização das chamadas atividades complementares, que eram anteriormente denominadas atividades extracurriculares. Esta segunda denominação parece já não ser mais adequada, pois a participação em projetos de iniciação científica, projetos de extensão, estágios, cursos, monitorias etc. já é, em muitos casos, prevista nos projetos pedagógicos dos cursos e, inclusive, contabilizada para integralização dos créditos necessários.

Neste sentido, as universidades mostram reconhecer a importância da aprendizagem de natureza prática na formação de seus estudantes, a qual é adquirida em uma variedade de situações formativas, não apenas em disciplinas, as quais obviamente têm papel muito importante na formação dos estudantes.

Da mesma forma, o aprender fazendo é uma constante na vida profissional, e o mercado de trabalho valoriza este aspecto quando busca pelos mais experientes, no sentido de que estes já participaram de forma ativa em diversas atividades relevantes e, portanto, podem estar mais bem-preparados para os desafios.

É possível entender que um engenheiro precisa ter habilidades e competências que envolvem: aplicar o conhecimento científico e tecnológico; planejar e coordenar projetos e serviços; projetar e conduzir experimentos; manipular informação tecnológica; desenvolver e utilizar novas técnicas; identificar, formular e resolver problemas; comunicar-se de forma eficaz; avaliar a viabilidade econômica de projetos; atualizar-se permanentemente; avaliar os impactos de suas atividades; trabalhar em equipes multidisciplinares; atuar com ética e responsabilidade, entre outros aspectos que poderiam ainda ser destacados.

Neste sentido, organizamos este material visando colaborar no estudo, na reflexão e discussão de alguns aspectos fundamentais da formação permanente do engenheiro, buscando oferecer ferramentas para o desenvolvimento de sua carreira, mas sem nenhuma pretensão de esgotar o assunto. Os capítulos foram elaborados por profissionais de referência nos respectivos temas abordados, aos quais agradecemos imensamente pela colaboração.

Neste segundo volume, dedicado aos assuntos "currículo, estágio no exterior e docência", são tratadas questões que envolvem: a importância do cuidado na elaboração de um currículo profissional ou acadêmico com vistas ao ingresso no mercado de trabalho e o uso de redes sociais para ganhar visibilidade; o desenvolvimento de parte ou totalidade da pesquisa científica de doutorado no exterior, bem como a experiência recente do país com programas governamentais relacionados a este âmbito; por fim, os aspectos pedagógicos referentes ao desenvolvimento da experiência docente ainda na formação acadêmica.

Esperamos que o leitor encontre aqui oportunidade para seu aprimoramento profissional em engenharia.

Boa leitura!

Os organizadores
São Carlos, 4 de março de 2019

CURRÍCULOS E REDES SOCIAIS: VISIBILIDADE NO MERCADO

MSc. Bráulio Salumão de Oliveira[1]
Prof. Dr. Tomaz Toshimi Ishikawa

1. INTRODUÇÃO

Até pouco antes do início deste século, as posições no mercado de trabalho eram muito mais estáveis do que atualmente, com baixa rotatividade. Os profissionais geralmente elaboravam seus currículos apenas durante os processos de seleção e dificilmente os mantinham atualizados com cuidado quando estavam empregados, pois eram pouco utilizados. Atualmente, com a criação, o encerramento e a atualização constante de posições no mercado de trabalho, tanto profissionais experientes quanto jovens à procura da primeira oportunidade devem prezar por ter sempre à disposição um currículo atualizado e de acordo com as tendências modernas.

Além disso, com o advento da internet e as facilidades criadas pelas redes sociais, também surgiram redes de compartilhamento de informações e oportunidades tanto no campo profissional quanto no acadêmico. Hoje, boa parte dos processos de seleção utiliza mecanismos de comunicação em rede em algumas etapas. No âmbito de pesquisas acadêmicas, as redes propiciam maior proximidade entre pesquisadores em temas semelhantes, trocas mais efetivas de resultados e compartilhamento de informações, além de maior exposição de artigos e outros trabalhos publicados.

O objetivo principal deste capítulo é contribuir com os leitores apresentando reflexões de forma selecionada, uma vez que são disponíveis centenas de informações pertinentes a esse assunto, facilmente encontradas em sites de buscas. Nota-se, entretanto, que muitas dessas informações são de cunho comercial, outras, extremamente pobres na linguagem, contendo até mesmo erros conceituais. Além do que, em vários casos se coloca um ponto de vista pessoal como sendo único e verdadeiro. Portanto, um bom discernimento sobre os diversos textos é recomendado, já que não existem livros que abordam especificamente este assunto. Dessa forma, este capítulo tenta contribuir para criar uma visão ampla e atualizada, sem tendências, e, assim, contribuir na redação e elaboração de currículos e perfis específicos para divulgação nas redes sociais e acadêmicas.

Este capítulo está dividido em quatro temas principais: os dois primeiros, referentes ao CV e às redes sociais profissionais; os dois seguintes, ao Currículo Lattes e às redes sociais acadêmicas.

O CV é um documento extremamente simples e sua utilização é indicada independentemente do grau de escolaridade. Deve ser mantido atualizado com as experiências profissionais mais

---

[1] Mestre em Ciência e Engenharia de Materiais pela UFSCar. Especialista em Gestão da Produção pela UNESP. Engenheiro de Materiais pela UFSCar. Pesquisador do NIT/Materiais.

significativas. Além disso, o intuito de o manter atualizado não é simplesmente adicionar informações, mas sim fazer constar, de acordo com o objetivo, as aptidões para buscar novas posições, novos desafios, novas conquistas e conseguir expressar, neste documento, o talento do profissional.

As redes sociais profissionais possibilitaram a criação de comunidades de interesses comuns, para discussões e troca de informações. Além disso, começaram a serem utilizadas pelos departamentos de recursos humanos de diversas empresas como primeiro elemento de seleção para oportunidades. Dessa maneira, um perfil atualizado, que preza pela valorização das atividades mais relevantes e com informações verdadeiras, é fundamental.

Para estudantes de pós-graduação, pós-doutorandos e professores, torna-se obrigatório possuir um modelo específico de currículo, denominado Currículo Lattes. Os órgãos de fomento exigem que este currículo seja mantido atualizado. Tal documento é fundamental para a seleção em financiamentos de projetos de pesquisa e concessão de bolsas de estudo.

Por outro lado, as redes sociais acadêmicas possibilitam uma maneira mais prática e rápida de difusão do conhecimento de pesquisas ao redor de todo o mundo. Assim, pesquisadores com interesses semelhantes podem buscar cooperação e discussão de temas comuns sem a necessidade de aguardar por feiras, congressos ou outros encontros presenciais, como se abordará melhor no decorrer deste capítulo.

2. O CURRICULUM VITAE

O termo *Curriculum Vitae* vem do latim e significa "trajetória de vida". Muitas vezes abreviado para CV ou apenas currículo, é um documento que descreve a formação acadêmica e as experiências profissionais de uma pessoa, como forma de demonstrar suas habilidades e competências. De modo geral, o CV tem como objetivo fornecer o perfil profissional para a área de recursos humanos de uma empresa ou diretamente aos gestores de uma determinada vaga. Dessa maneira, trata-se de um instrumento de apoio à seleção nas mais diversas situações quando se pretende selecionar o melhor candidato para uma oportunidade de colocação profissional no mercado de trabalho. Portanto, pode ser considerado o documento mais importante na busca por uma colocação profissional, seja para diretor-presidente de uma empresa, para o primeiro emprego ou mesmo para o estágio de um estudante universitário. Não é possível ignorar a importância do currículo em um processo de seleção, pois ele conterá as primeiras e básicas informações necessárias para que o selecionador encontre quem está mais próximo dos requisitos exigidos para o preenchimento de uma oportunidade.

2.1 Formas de apresentação do CV

Existem muitas formas de apresentação do CV, dependendo de cada empresa ou de suas parceiras terceirizadas. Como se trata de um primeiro meio de contato indireto entre o candidato interessado em uma oportunidade de colocação profissional e o empregador, o conteúdo é o aspecto mais importante. Entretanto, uma boa aparência do documento também conta muitos pontos a favor.

No caso da apresentação em papel, um currículo deve ser bem apresentável, ou seja, limpo, organizado e impresso em papel de boa qualidade, o que transmite a ideia de um profissional competente e diferenciado. O papel deve ser de preferência branco, no formato A4, impresso com tinta preta, sem manchas, rasuras ou partes amassadas. Além disso, recomenda-se não utilizar cópias (xerox) de má qualidade e nem impressão ou notas diversas no verso das folhas.

O CV também pode ser disponibilizado na forma eletrônica, anexado a um e-mail, por exemplo. Nesse caso, é recomendável converter a versão editável do documento (em formato Word, Latex, OpenOffice etc.) para o formato pdf. Essa ação evita a perda da formatação ou mesmo de alguma parte do texto, além do fato de que a versão pdf pode ser aberta em qualquer computador. Este tipo de disponibilização tem sido uma das formas mais utilizadas recentemente pelas empresas na seleção de candidatos.

O envio de currículos por e-mail deve ser acompanhado de cuidados especiais. Podem, por exemplo, ser considerados *spam*, isto é, uma mensagem eletrônica não solicitada e enviada em massa, e, por isso, imediatamente apagada. Desta forma, é recomendável utilizar-se deste mecanismo apenas para contatos previamente indicados por contatos internos da empresa, ou apresentados no site. Também é recomendável sua utilização quando a empresa está com uma oportunidade em aberto ou solicita o cadastro de profissionais compatíveis com a sua formação.

Cada vez mais, as empresas e/ou consultorias de RH investem em bancos de dados para o cadastramento de currículos e em sistemas para encontrar profissionais de acordo com oportunidades requeridas. Cada organização disponibiliza em sua página eletrônica um formulário para cadastramento dos candidatos. Todo o preenchimento das informações solicitadas deve ser muito bem-redigido. É interessante atentar para informações específicas que cada empresa pode solicitar, nem sempre presentes no currículo em papel ou digital. Uma boa prática é salvar estas respostas em um arquivo digital no computador pessoal, caso seja uma pergunta muito comum em diversas empresas interessadas.

Estes dados também devem ser constantemente atualizados, visto que uma oportunidade pode ser aberta e o candidato com perfil mais completo possui mais chances de ser selecionado pelos meios eletrônicos que, muitas vezes, são utilizados pelos analistas de RH para uma primeira triagem de documentos. Como são muitas páginas eletrônicas de empresas e consultorias, cada uma com seu sistema, uma boa prática também é criar um arquivo com o nome e site de cada local cadastrado, com a data da última atualização, o login e a senha de entrada.

Em alguns casos, é solicitada uma carta de apresentação. Trata-se de um documento menos formal, no qual o candidato possui a oportunidade de se apresentar e de evidenciar suas características pessoais e realizações profissionais. Normalmente, deve ter no máximo uma página e ser endereçada ao recrutador. Outro documento que pode ser anexado, quando solicitado ou pertinente, são as cartas de recomendação. Trata-se de um texto de um ou dois parágrafos, redigido pelo chefe ou supervisor de um emprego ou estágio anterior (ou por um professor que tenha orientado o aluno em alguma oportunidade), com boas recomendações e que evidencie os pontos fortes do candidato ao selecionador. Quando presentes todos esses itens adicionais, recomendamos a seguinte ordem de documentos: carta de apresentação, CV e cartas de recomendação.

2.2 Conteúdo do CV

O conteúdo de um currículo não possui uma receita pronta. Cada especialista no assunto cita um conjunto de aspectos que devem constar num CV considerado ideal. Por outro lado, cada responsável pela seleção de recursos humanos também possui um conceito próprio sobre o mesmo tema. Dentro deste contexto, selecionamos alguns itens considerados importantes e que podem nortear os leitores na elaboração do seu CV. Existem muitos modelos disponíveis na internet que requerem apenas a complementação de dados; entretanto, é muito importante compreender os itens principais que o compõem.

Em síntese, o currículo deve ser **bem-organizado** e, para isso, ser dividido em seções claras, mantendo ordens cronológicas capazes de demonstrar a evolução do candidato ao longo de sua carreira acadêmica e profissional. Também deve ser redigido de forma objetiva, com linguagem técnica e atendo-se a duas páginas. O uso correto do idioma português (ou do idioma a ser utilizado) é extremamente importante. Um erro na grafia, ortografia e/ou concordância pode impressionar negativamente o selecionador. O uso de um bom dicionário, assim como a leitura do documento por colegas para uma avaliação, pode contribuir no processo de eliminação de erros.

No topo da página inicial é comum colocar-se de forma centralizada o termo *Curriculum Vitae*, sendo que essa expressão de origem latina se incorporou no vocabulário em português, evitando-se colocar "currículo vitae" ou simplesmente "currículo". Os dados pessoais devem aparecer no topo da primeira folha. Não devem ser colocados números de documentos pessoais, pois usualmente essas informações não são solicitadas até que o processo seletivo seja concluído e o candidato, selecionado. Nomes de origem estrangeira por descendência familiar devem explicitar a informação de nacionalidade brasileira. As informações de contato, como telefone fixo, telefone celular e e-mail, devem aparecer no topo do documento, junto aos dados pessoais, endereço e estado civil. No caso do e-mail, liste apenas aquele que você utiliza com mais frequência.

Após os dados pessoais, parte-se para o objetivo, ou seja, a vaga pretendida ou em que setor se tenciona atuar. Caso haja o desejo de trabalhar em outros setores além daquele para o qual a vaga está direcionada, deve-se deixar clara no currículo esta disposição ao citar quais são estas áreas.

Abaixo do objetivo, seguem-se os dados referentes à formação acadêmica. Neste item, deve constar o nome da instituição de ensino, a carreira ou título e o ano de entrada e conclusão do curso.

Se estiver no período de transição entre a universidade e o mercado de trabalho, convém incluir o mês e ano de entrada na instituição e o mês e ano previsto para conclusão do curso. Toda e qualquer informação deve ser a mais completa possível para facilitar o trabalho do selecionador. Veja o exemplo abaixo quanto à formação acadêmica:

a) Formado na UFSCar em 2013, com ênfase em polímeros no curso de engenharia de materiais;
b) Graduado em Engenharia de Materiais, com ênfase em polímeros, pela Universidade Federal de São Carlos (UFSCar) – 03/2009 (ingresso) e 12/2013 (conclusão).

Analisando as informações contidas nos itens (a) e (b), é evidente que a informação do item (b) é mais completa e está colocada numa ordem que facilita o entendimento. Além disso, a sigla está escrita por extenso. Para aqueles que concluíram o mestrado, é importante mencionar o título da dissertação e o programa de pós-graduação, além do mês e ano da defesa; as mesmas considerações se aplicam para o doutorado. O curso de especialização (pós-graduação *latu sensu*) sempre deve ser mencionado, uma vez que se trata de uma modalidade de aperfeiçoamento prevista pelo Conselho Nacional de Educação.

O uso de abreviações e siglas é indesejável, pois nem sempre são de conhecimento do selecionador. Por exemplo, os estudantes costumam informar que foram selecionados e receberam uma bolsa de estudo do CNPq, enquanto deveria constar "Conselho Nacional de Desenvolvimento Científico e Tecnológico".

Tópicos de curta duração, erroneamente designados de cursos, devem ser mencionados, mas apenas aqueles mais importantes e que fortaleçam os objetivos. Não se devem listar todos, principalmente se o candidato tiver vários desses "cursos" ao longo dos anos. Somente para recém-formados, a inclusão de todos os tópicos cursados simultaneamente com a graduação pode ser feita, e o subitem mais adequado seria em atividades extracurriculares ou complementares, como tratado a seguir.

A experiência profissional deve ser listada caso o candidato realmente a tenha. Em síntese, é a relação de empresas em que o candidato desempenhou atividades como contratado, ou de estágio, principalmente para os recém-graduados. Sugerimos constar o nome da empresa, o período em que esteve ligado a ela, além do título ou posição que ocupava e um breve resumo das atividades desempenhadas. Para profissionais com relativo número de experiências, os últimos empregos são listados primeiro, visto que, geralmente, são os mais importantes para a recolocação.

A seguir, como comentado para o caso de recém-graduados, são comumente apresentadas as informações sobre atividades extracurriculares e cursos de curta duração. A mesma organização, das mais recentes para as mais antigas, é sugerida. No caso de profissionais mais experientes, com um grande número destes cursos, deve-se priorizar as atividades que apresentem maior relação com o objetivo de interesse. Para cadastro de vagas em geral, nesse caso, sugerimos optar por cursos e atividades de maior duração, condizentes com as principais experiências profissionais apresentadas.

Depois destas informações, mencionam-se os idiomas dos quais o candidato tem conhecimento e em que grau de aptidão se encontram. Diversas classificações são utilizadas, sendo a mais comum a divisão entre avançado, intermediário ou básico. Caso o candidato tenha vivência no exterior, é importante que seja mencionada, bem como alguma certificação em língua estrangeira. Gerentes de RH reportam casos de mentira por parte de candidatos que declaram fluência em determinado idioma, quando na verdade não a possuem. Isso é facilmente desmascarado na ocasião de uma entrevista-surpresa (até mesmo por telefone) no referido idioma.

Como dados adicionais, é importante citar a disponibilidade para mudança de domicílio, principalmente se a oportunidade exige isso do profissional a ser contratado. Aos candidatos que são portadores de necessidades especiais, recomendamos deixar explícita essa condição no seu CV, e o melhor local para isso seria neste item.

Não é usual inserir a pretensão salarial, a não ser que seja solicitada. Existem empresas que, em seu formulário próprio, solicitam que o candidato apresente a sua pretensão salarial; neste caso, é aconselhável procurar pelos valores médios praticados pelo mercado.

É importante informar no CV o mês e ano de elaboração, com o objetivo de mostrar ao selecionador que o mesmo se encontra atualizado. Também é usual assinar o CV para assegurar que todas as informações nele contidas são verdadeiras e que são da responsabilidade do candidato. Se a última folha for assinada, é comum que as outras sejam rubricadas.

Vários modelos de currículos apresentam uma foto na parte inicial. Porém, a menos que seja solicitada, não é recomendável colocá-la. Se necessário, geralmente utilizam-se fotos de rosto (3x4), com roupa social, de preferência, e nunca deve ser de corpo inteiro para mostrar atributos físicos, independentemente do sexo.

Todas as recomendações sobre o que deve ou não constar no CV se relacionam ao fato de que a primeira impressão é fundamental. Todos esses aspectos mencionados neste item, quando eventualmente possam causar uma má impressão, são discutíveis. Como não é possível saber, a princípio, quem vai selecionar o candidato, é prudente que aspectos considerados polêmicos não constem como informações, tais quais preferências sexuais, políticas, esportivas ou religiosas.

3. REDES SOCIAIS PROFISSIONAIS

Com o recente crescimento tanto do número de oportunidades quanto de profissionais em busca de emprego, bancos de dados eletrônicos foram criados com o objetivo de facilitar o armazenamento e a seleção de currículos que podem se encaixar em uma vaga. Com o advento das redes sociais, surgiu uma oportunidade de comunicação entre os portadores desses currículos virtuais e, deles, com as próprias empresas, aumentando a velocidade e a qualidade das interações entre profissionais e empregadores. Atualmente, a rede profissional mais conhecida mundialmente e mais utilizada no Brasil é o LinkedIn, mas podemos citar como exemplos adicionais e que oferecem suporte ao idioma português a Bayt, Xing, Bebee e Viadeo. As redes sociais profissionais prezam, em caráter de maior destaque em relação às demais, os itens de formação acadêmica, extracurricular e de experiência de seus participantes. Dessa forma, cada perfil é praticamente um currículo profissional resumido, com a opção adicional de compartilhar dados de contatos pessoais e outras informações pertinentes, dependendo da configuração desejada.

As principais regras de elaboração de CV se mantêm também para as redes sociais profissionais, nos aspectos de se manter sempre atualizadas, apresentar apenas informações verdadeiras com comprovação, prezar pelo uso correto do idioma, valorizar as principais experiências e formações em detrimento de inserir todas etc. A foto, agora item praticamente obrigatório, deve ter o caráter mais profissional possível, além de ser atualizada.

É comum que estas redes permitam a criação de grupos de interesse em comum como, por exemplo, profissionais que atuam em uma determinada área, ex-alunos de um curso de aperfeiçoamento ou instituição, ou mesmo de grupos que reúnam funcionários e admiradores de uma empresa. Participar de alguns desses grupos se mostra importante, pois seus fóruns e *networking* podem gerar parcerias e contatos profissionais produtivos. Além disso, a lista de grupos dos quais um perfil participa auxilia os selecionadores com algumas informações adicionais do profissional. Outra ferramenta comum disponibilizada é a elaboração e compartilhamento de artigos. Diversos especialistas a utilizam para redação de textos que expõem dados e opiniões a respeito de um tema específico. Estes artigos são disponibilizados para leitura a todos os seus contatos, permitindo interação, críticas e comentários. Um perfil que apresente trabalhos elaborados e compartilhados interessantes, de acordo com valores ou expectativas de um selecionador, com certeza chamará mais atenção. Entretanto, recomendamos plena atenção na elaboração e no compartilhamento desses conteúdos, principalmente com relação à veracidade de dados e opiniões colocados, bem como evitar posições polêmicas que podem impressionar negativamente um possível selecionador.

Muitas empresas têm migrado suas plataformas de seleção dos bancos de dados de currículos para as redes sociais profissionais. Dessa maneira, garantem que suas mensagens com oportunidades e etapas de processos seletivos atinjam um grande número de interessados com maior rapidez e eficácia. Para os candidatos, é interessante utilizar as ferramentas de buscas de vagas que podem ser filtradas por tipo de cargo, requisitos de formação, local e até mesmo por faixa salarial. Uma maior facilidade das redes sociais é que a grande maioria das informações solicitadas pelas empresas para análise já se encontra no perfil do candidato, sendo geralmente necessário muito menos tempo para preencher uma candidatura do que nos bancos de dados convencionais.

Algumas redes profissionais dispõem de versões gratuitas e pagas para uso, tanto para empresas quanto para candidatos. Normalmente, todas as funcionalidades básicas se encontram disponíveis nas versões gratuitas. O que as versões pagas geralmente oferecem são ferramentas adicionais. Para os candidatos, incluem-se mecanismos de buscas mais apurados ou com mais filtros, auxílio no preenchimento de campos de informações, monitoramento de perfis de oportunidades etc., enquanto para as empresas são oferecidos serviços semelhantes quanto aos filtros de buscas de candidatos, relatórios gerenciais com indicadores de acessos às páginas e candidaturas e maior visibilidade de suas oportunidades nos resultados de buscas e em propagandas na plataforma do site.

4. CURRÍCULO LATTES

A plataforma Lattes contém dados detalhados do histórico acadêmico de cada pesquisador brasileiro. Antes de seu surgimento, o CNPq[2] mantinha uma versão de currículo na forma impressa até a década de 1990. Após estudo criterioso, foi criado um modelo único e específico, denominado Currículo Lattes, em homenagem ao físico Césare Mansueto Giulio Lattes, mais conhecido como César Lattes, por sua contribuição na comissão responsável pela criação do CNPq.

Nessa plataforma, são cadastrados os currículos de professores de instituições de Ensino Superior, alunos de graduação, alunos de pós-graduação, pesquisadores e profissionais de todas as áreas de conhecimento. Tornou-se uma ferramenta de grande repercussão nacional e internacional na área de ciência e tecnologia no Brasil, pois permite acesso por qualquer pessoa da comunidade, científica ou não. Seu objetivo é compartilhar informações sobre pesquisadores que atuam no Brasil, desde a graduação até professores, e que recebam, ou não, bolsas e auxílios de pesquisa.

Sua formatação se diferencia de um CV tradicional, tratado anteriormente. As principais partes que compõem esse currículo são: os dados pessoais, a formação, a atuação profissional, os projetos, a produção científica, patentes, organização de eventos, participações em bancas de dissertações de mestrado, teses de doutorado ou de concursos públicos, bem como orientações de alunos de iniciação científica, de mestrado, doutorado e pós-doutorado. Uma das partes principais é a atuação profissional, na qual se encontram listadas as linhas de pesquisa e as áreas de atuação do profissional. Os projetos também são de grande interesse, devendo serem descritos os de pesquisa, de extensão e projetos de desenvolvimento tecnológico em que o profissional atua.

O Currículo Lattes é amplamente utilizado para pré-selecionar bolsistas de graduação e pós-graduação, pesquisadores com alta produtividade, financiar projetos de pesquisa e para a avaliação de concursos públicos de professores do Ensino Superior em diversas instituições públicas. Do ponto de vista profissional, pode ser utilizado como forma de fazer a primeira triagem entre todos os candidatos interessados em uma oportunidade de estágio ou emprego, além da possibilidade de servir como roteiro básico para entrevista entre os pré-selecionados.

Os editais de diversos concursos públicos para preenchimento de cargos e funções nas administrações municipais, estaduais ou federais normalmente exigem tanto o CV quanto o Lattes totalmente documentados, para que a comissão os analise como uma das etapas da seleção. Os programas de pós-graduação, geralmente, utilizam o Lattes como parte da pré-seleção de seus estudantes de mestrado ou doutorado, assim como as agências de fomento que concedem bolsas de estudo.

Os pedidos de financiamento de projetos de pesquisa submetidos às agências de fomento passam por uma análise criteriosa do Currículo Lattes do coordenador e dos participantes do projeto, sendo

---

2 O Conselho Nacional de Desenvolvimento Científico e Tecnológico (CNPq) é uma agência de fomento à pesquisa, vinculada ao Ministério da Ciência, Tecnologia, Inovações e Comunicações (MCTIC). Entre suas diversas atuações, concede bolsas de estudo para alunos de graduação, pós-graduação e pós-doutorado, além de financiar projetos de pesquisa para professores pesquisadores em nível nacional.

uma etapa importante do processo de seleção. Essa análise é feita por consultores *ad hoc*[3] através de consulta direta na plataforma Lattes.

Esta forma de currículo também exige constante atualização, tendo em vista que a seleção de um projeto, a concessão de uma bolsa de estudo, o financiamento para participação em um congresso internacional etc. dependem, em grande parte, da produtividade do solicitante. Assim, é importante o cuidado com a inserção de todos os artigos científicos, *status* de projetos, orientações realizadas, entre outros, de maneira correta e com dados os mais completos possíveis, assim que se tenha um documento comprobatório de tal atividade.

5. REDES SOCIAIS ACADÊMICAS

As redes sociais acadêmicas possuem um modelo de funcionamento muito semelhante às profissionais, com maior destaque, claro, para os itens de títulos acadêmicos e produção científica. Também permitem interação mais ativa entre pesquisadores com canais de comunicação diretos e compartilhados nos perfis. Seus sistemas de busca permitem encontrar, com boa facilidade, pessoas com os mesmos interesses de pesquisa em todo o mundo, o que evita uma busca que seria exaustiva em outros bancos de dados com informações nacionais ou regionais de pesquisadores. Atualmente, as redes acadêmicas mais conhecidas e utilizadas mundialmente são a ResearchGate e o Google Scholar. Entretanto, também apresentam destaque as redes Mendeley e Zotero (a partir de suas ferramentas de organização de referências bibliográficas), Academia.edu e Scholastica.

Os perfis criados são utilizados também como uma grande vitrine da produção científica de seus participantes. Trata-se da oportunidade de expor artigos já consagrados tanto quanto trabalhos menos expressivos ou publicados em periódicos de menor expressão ou congressos, que se tornam importantes para o conhecimento de outros pesquisadores do tema. Em muitas plataformas, é possível carregar os arquivos desses trabalhos e compartilhá-los. Entretanto, os autores devem sempre estar atentos sobre as regras de direitos autorais dos periódicos em que os textos foram publicados e apenas disponibilizar aqueles que não estarão infringindo os acordos com suas editoras.

Uma outra vantagem das redes acadêmicas, em geral, é o suporte a vários idiomas. Ou seja, um currículo cadastrado com informações básicas em português pode ser visto com a tradução para o idioma inglês por um pesquisador nos Estados Unidos por meio de mecanismos de listas com traduções automáticas de termos equivalentes em outros idiomas. Obviamente, por se tratar de redes com alcance global, é recomendável que todas as informações já sejam inseridas no idioma inglês, o que facilita tanto o poder de interpretação de leitores internacionais quanto a chance de estas informações serem encontradas pelas ferramentas de buscas por um possível interessado.

---

3 *Ad hoc* é uma expressão do latim e significa "para esta finalidade". No caso, consultor ad hoc é um especialista que analisa e emite o parecer sobre o mérito científico do projeto e dos participantes.

A maioria das redes acadêmicas é gratuita e disponibiliza algumas ferramentas interessantes, dentre elas a geração de indicadores como: evolução temporal de produção científica, listas das principais publicações por fator de impacto dos periódicos, de coautores, bem como a identificação de parceiros de pesquisa que também possuam perfis na mesma rede. Mais recentemente, algumas redes conseguiram, em convênio com bases de dados de artigos científicos e editoras, construir alguns indicadores de citações e de produtividade dos pesquisadores.

A criação de grupos com interesses em comum, que permitem discussões a partir de fóruns, também é, em sua maioria, uma das atividades permitidas pelas redes acadêmicas. Essa ferramenta, normalmente, permite o compartilhamento e a discussão de muitas informações em conjunto com especialistas de todo o mundo, antes mesmo que estas sejam, talvez, publicadas, ou que se necessite esperar um congresso científico da área para que possam ser expostas.

Um grupo de pesquisa, um departamento ou mesmo uma universidade também podem criar seus grupos internos de discussão, compartilhamento de informações e acompanhar seus indicadores através dessas redes. Muitas vezes, a página referente a esse grupo pode servir como cartão de visitas de suas atividades para interessados em parcerias ou futuros pretendentes a posições de pós--graduação e docência, com informações sobre a estrutura física e de recursos humanos, assim como sobre as principais áreas de interesse e publicações principais.

6. CONSIDERAÇÕES FINAIS

Sempre que enviar o seu CV para uma empresa, acompanhe suas ligações telefônicas periodicamente, bem como sua caixa de e-mails, pois pode estar recebendo um convite para a continuidade do processo seletivo ou mesmo entrevista. É fundamental lembrar que oportunidades desperdiçadas dificilmente serão reapresentadas com facilidade.

As redes sociais profissionais devem ser utilizadas com responsabilidade. Não adianta possuir um perfil com diversas qualidades se o candidato não é capaz de comprovar aquilo que diz em uma entrevista ou durante a rotina de trabalho. Embora ferramentas de automatização ainda ganhem muito espaço em processos de seleção, nada será superado pela interação humana, que nunca será substituída ou dispensada.

O Currículo Lattes tem sido utilizado, cada vez mais, como fonte de estudos importante para pesquisadores de ciência da informação e áreas relacionadas. Os dados inseridos nele podem gerar indicadores valiosos, tanto para tomadas de decisão por parte do governo, em políticas públicas de financiamento de pesquisas, como para o acompanhamento da ciência e tecnologia produzida no país. Assim, manter os dados atualizados contribui com uma precisão cada vez maior desses indicadores e colabora com o uso indireto da base de dados como fonte de informação estratégica.

Por fim, as redes sociais acadêmicas, que recentemente iniciaram sua massificação, também não substituirão a natureza das relações humanas em trocas de informação, nem podem ser consideradas como fontes exclusivas para pesquisas. Recomendamos seu uso com cautela e como ferramenta de apoio, de maneira a aproveitar suas funcionalidades sem a tornar soberana perante outras ferramentas, fontes e métodos que fundamentam uma pesquisa de excelência.

A EXPERIÊNCIA DO ESTÁGIO NO EXTERIOR NA FORMAÇÃO DE DOUTORAMENTO

Prof. Dra. Débora Morato Pinto[1]
Prof. Dr. Daniel Rodrigo Leiva
Prof. Dr. Tomaz Toshimi Ishikawa

1. INTRODUÇÃO

Neste capítulo, abordamos um tema de grande interesse para os pós-graduandos brasileiros: as oportunidades de realização de estágio no exterior, enfatizando o caso do chamado "doutorado sanduíche", que é a modalidade mais frequente. Procuramos abordar o conteúdo de maneira informal, com base, principalmente, na experiência dos autores com a orientação de alunos e experiência própria vivida no exterior. Durante o texto, abordaremos como os estágios no exterior possibilitam aos pós-graduandos alcançarem maior amadurecimento e crescimento profissional, uma vez que permitem que os estudantes se beneficiem das redes de conhecimento, assim como da complementaridade de *expertises* de parques de instalações e equipamentos entre as instituições envolvidas. Serão mencionadas informações sobre a obtenção de duplos diplomas de doutorado, assim como questões práticas relacionadas aos estágios no exterior.

2. CONTEXTUALIZAÇÃO SOBRE OS ESTÁGIOS DE DOUTORADO NO EXTERIOR

Por volta da década de 1970, a formação de doutores em várias áreas do conhecimento era totalmente realizada em programas de pós-graduação no exterior, devido ao fato de que não existiam muitos programas de pós-graduação no Brasil e que, além disso, em muitos casos, principalmente nas áreas mais "experimentais", como as da engenharia, havia falta de infraestrutura de pesquisa para o desenvolvimento das dissertações e teses.

Atualmente, o desenvolvimento da formação de pesquisadores e docentes nos programas de pós-graduação no Brasil tem avançado de forma consistente, ainda que não possamos falar em linearidade e em progresso ininterrupto. Entre altos e baixos, fases de crescimento mais acelerado e outras em que crises de diversos tipos provocaram problemas e ruídos na história da pesquisa e da

---

[1] Doutora em História da Filosofia Contemporânea; professora-associada da UFSCar, pró-reitora de pós-graduação da UFSCar de 2012 a 2016 e pesquisadora do CNPq.

docência nos cursos de mestrado e doutorado, podemos dizer que a massa crítica dos pesquisadores, mestres e doutores se encontra, atualmente, em momento de quase exuberância.

Colhemos os frutos de uma expansão tímida, mas com significados relevantes, de investimentos tanto na formação de doutores quanto na ampliação de linhas de fomento direto a pesquisas em áreas específicas, na expansão do sistema público de Ensino Superior, no próprio desenvolvimento econômico e social do Brasil. Entre vários fatores que têm marcado a formação em nível de pós-graduação, há uma referência contínua e muito valorizada: os estágios que doutorandos brasileiros fazem no exterior ao longo de seus estudos. O Brasil vem oferecendo bolsas de estudo aos interessados em estudar no exterior através das agências de fomento, essencialmente CAPES, CNPq e as Fundações de Amparo à Pesquisa estaduais (FAPs), como a do estado de São Paulo, a FAPESP. Além disso, podemos mencionar também as bolsas de estudo oferecidas pelos órgãos internacionais, como, por exemplo, o DAAD, sigla em inglês para Serviço Alemão de Intercâmbio Acadêmico, o *Campus France*, a Comissão Fullbright ou mesmo consulados, tal como o Consulado Japonês.

A aplicação desses recursos financeiros expressa clara política de qualificação de recursos humanos em nível excelente no campo da ciência, da formação de cientistas e da produção de conhecimento. Já houve um tempo em que, mesmo no mestrado, hoje menos valorizado, o estudante poderia optar por passar seis meses ou até um ano no exterior, complementando sua formação ao conhecer laboratórios, bibliotecas, cursos, docentes e pesquisadores da Europa, dos Estados Unidos da América e do Canadá. Como mencionado anteriormente, houve também um período em que se investia muito na formação total do pesquisador lá fora, com o oferecimento de bolsas de estudo para a realização do doutorado em quatro anos, inteiramente em uma instituição de excelência dos grandes centros de pesquisa no mundo. Essa modalidade ainda existe, mas é atualmente menos praticada, uma vez que no Brasil, hoje em dia, já existem muitos programas de pós-graduação com qualidade reconhecida.

Com efeito, no doutorado, a realização de um tipo específico de estadia, aquela que se insere bem no meio da formação realizada aqui – conhecida primeiro informalmente, e hoje já oficialmente denominada "estágio sanduíche"[2] –, ocorre há tempos, é hoje a mais procurada e tem marcado a trajetória de algumas gerações de pesquisadores. Em linhas gerais, o estudante inicia seu doutoramento num bom programa de pós-graduação do país, cumpre os créditos exigidos, avança em sua pesquisa, passando por algum exame de qualificação prévio, e postula uma bolsa de pesquisa no exterior para realizar parte do doutorado num centro de excelência. Esse estudante, em seu contrato ou termo de compromisso relativo à bolsa de estudos, compromete-se a retornar e defender sua tese, obtendo a titulação brasileira. É comum também que se comprometa a permanecer no país, após retornar, por pelo menos o mesmo tempo usufruído de bolsa de estudo brasileira no exterior.

---

2 A linha de fomento de estágio no exterior da CAPES, por exemplo, durante muito tempo foi denominada Programa de Doutorado no País com Estágio no Exterior (PDEE). Passou a receber o nome de Programa de Doutorado Sanduíche no Exterior (PDSE) a partir de 2011. Ao receber esse nome, o programa passa a explicitar a sua característica mais relevante e mesmo original, a saber, a exigência de que o estágio seja feito no meio do percurso de formação, com início e finalização no Brasil. Outro fator relevante para nossa discussão é a expansão que o programa sofreu nessa modificação com a duplicação de cotas de bolsas para universidades que possuem programas de doutoramento credenciados pela instituição.

Atualmente, sobretudo no caso de intercâmbios e convênios firmados com determinados países e instituições, esse estudante pode fruir de um acordo de cotutela de tese e obter dupla titulação. Em todos os casos, a ideia é otimizar a formação do doutor e colher os frutos das trocas institucionais, acadêmicas e intelectuais para o meio científico brasileiro.

Desse modo, os doutores brasileiros que atuam em sua maioria nas IFES públicas acumulam uma rica experiência, pessoal e profissional, que nos permite, enfim, pensar e explorar: Qual é o sentido mais fundamental do estágio no exterior? Quais são os benefícios e as dificuldades que essa experiência exige que enfrentemos? Podemos ir ainda mais longe e tentar refletir sobre o papel dos estágios na mentalidade geral dos pesquisadores brasileiros, considerando-se que essa experiência tem sido usufruída por profissionais de áreas as mais diversas, da filosofia à engenharia de materiais, das ciências humanas à saúde coletiva, da genética à pedagogia?

3. A REALIZAÇÃO DE ESTÁGIOS NO EXTERIOR

Talvez o programa Ciência sem Fronteiras (CsF)[3] seja um exemplo de política pública voltada à promoção da realização de estágios no exterior. O CsF se propunha a oferecer cerca de 101 mil bolsas de intercâmbio (sendo 26 mil financiadas pela iniciativa privada), de forma que alunos de graduação e pós-graduação realizassem estágio no exterior com a finalidade de manter contato com sistemas educacionais de todo o mundo que fossem competitivos em relação à tecnologia e inovação. O programa CsF foi uma articulação de esforços conjuntos do Ministério da Ciência, Tecnologia, Inovações e Comunicações (MCTIC) e do Ministério da Educação (MEC), por meio de suas respectivas instituições de fomento – CNPq e CAPES – e secretarias de Ensino Superior e de Ensino Tecnológico do MEC. Além do envio de graduandos e pós-graduandos brasileiros ao exterior, o programa teve ações que visaram atrair pesquisadores do exterior para o Brasil ou estabelecer parcerias com os pesquisadores brasileiros nas áreas prioritárias específicas, bem como criar oportunidades para que pesquisadores de empresas recebessem treinamento especializado no exterior.

As áreas prioritárias do programa CsF incluíam as engenharias, ciências exatas e tecnologia, e foram definidas como: engenharias e demais áreas tecnológicas; ciências exatas e da terra; biologia, ciências biomédicas e da saúde; computação e tecnologias da informação; tecnologia aeroespacial; fármacos; produção agrícola sustentável; petróleo, gás e carvão mineral; energias renováveis; tecnologia mineral; biotecnologia; nanotecnologia e novos materiais; tecnologias de prevenção e mitigação de desastres naturais; biodiversidade e bioprospecção; ciências do mar; indústria criativa; novas tecnologias de engenharia construtiva; formação de tecnólogos.[4] No portal na internet do CsF há estatísticas sobre o tipo

---

3 Portal do programa federal Ciência sem Fronteiras. Disponível em: <www.cienciasemfronteiras.gov.br>.
4 *Idem.*

e o local de bolsas de estudos concedidas e implementadas. Porém, torna-se lamentável acrescentar que este programa foi encerrado pelo governo federal no primeiro semestre de 2017.[5]

Outro aspecto atual e relevante a considerar na discussão sobre a importância dos estágios no exterior é o fato de que o progresso dos meios digitais acabou com muitas das deficiências de que os estudantes brasileiros padeciam há décadas. Sobretudo, foi resolvida grande parte das dificuldades que os pesquisadores em geral enfrentavam no acesso à informação. Era o caso da difícil obtenção de artigos e livros mais atualizados em cada área, bem como da falta de diálogo e comunicação com pesquisadores de ponta de outros países. Os tempos mudaram; o contato hoje é mais rápido, as informações estão disponíveis de diversas formas e os textos digitais representam uma revolução em termos de acesso e consulta aos periódicos. Entretanto, mesmo com as potencialidades que a internet trouxe ao âmbito da troca de informações na pesquisa científica, os estágios ainda são muito procurados e valorizados pelo meio acadêmico, e essa valorização mantém-se, em geral, entre os grandes pesquisadores e os responsáveis pela formação em ciência avançada, apesar da opinião recorrente de que o nível da pesquisa exercida no país já alcançou, em muitas áreas, o patamar dos grandes centros mundiais.

Dado esse contexto, não causa surpresa o fato de que os pós-graduandos continuem se candidatando aos estágios de pesquisa no exterior. O aumento do número de alunos nos programas significou também aumento dessa procura, e os órgãos de fomento responderam à demanda. No processo contínuo de internacionalização da pós-graduação brasileira, os estágios na formação representam um aspecto bem-sucedido e, como tal, em progressiva ampliação. Para evidenciar este crescimento, podemos citar a inclusão, pela FAPESP, do estágio sanduíche como nova linha de fomento aos seus bolsistas de iniciação científica, mestrado, doutorado e pós-doutorado.[6]

Cabe então considerarmos mais de perto a questão: quais são os benefícios e as dificuldades do estágio no exterior de estudantes de doutorado? Essa questão está interligada a outras, tais como a discussão sobre o estágio por parte dos estudantes de mestrado e mesmo dos estudantes de graduação. Questionamos ainda se os gastos com esses estágios são mesmo necessários, dado que podemos dizer, de forma geral, que a pesquisa científica no Brasil, mesmo em expansão, ainda precisa galgar muitos degraus para alcançar um patamar equivalente ao dos grandes centros mundiais, e, sabemos bem, isso significa muito investimento em estrutura e financiamento extensivo em centros de pesquisa e universidades.[7]

---

5   Uma nova iniciativa de vulto do governo federal é o Programa Institucional de Internacionalização CAPES – PrInt.
6   Programa BEPE-FAPESP: Bolsa Estágio de Pesquisa no Exterior. Disponível em: <www.fapesp.br/6557>.
7   Uma visão crítica do programa Ciência sem Fronteiras e sobre os desafios que foram enfrentados para a sua implementação pode ser encontrada em: <www.revistaensinosuperior.gr.unicamp.br/reportagens/ciencia-sem-fronteiras-e-elogiado--como-iniciativa-mas-implementacao-atrai-duvidas>.

4. O DOUTORADO SANDUÍCHE

Para analisarmos o papel dos estágios no exterior, especialmente na pós-graduação, é interessante começar por detalhar em que eles consistem. A modalidade mais utilizada é o doutorado sanduíche. Um estudante começa seu trajeto no doutorado, em geral, depois de ter realizado o aprendizado de pesquisador num mestrado, que tem a duração de dois anos. Ao ser aprovado em um processo seletivo, o estudante se matricula e cursa algumas disciplinas necessárias para seu aprimoramento na área de pesquisa escolhida. Cursadas as disciplinas, seu trabalho consistirá em dar andamento à sua investigação, seja em laboratórios, seja nas bibliotecas, ou em ambos, buscando percorrer as etapas necessárias para resolver os problemas circunscritos em seu projeto. Este trabalho envolve coleta de dados, revisão de literatura, análise de casos, pesquisa de campo, articulação entre fundamentação teórica e casos práticos, obtenção de resultados em pesquisa laboratorial e vários outros procedimentos.

O que todos os cursos de doutorado têm em comum é o fato de que se espera dos alunos que se transformem em pesquisadores autônomos, conscientes, tecnicamente excelentes e preparados para exercer a pesquisa e a docência em nível superior. O resultado concreto que atestará o preparo do candidato a doutor é, na grande maioria dos casos, uma tese, trabalho escrito que conjuga etapas da pesquisa, análises e conclusões obtidas a partir de tais etapas. Hoje, no Brasil e no exterior, vem ganhando espaço a possibilidade de escrever um conjunto de artigos científicos no lugar da tese, mas os objetivos e critérios de avaliação destes são semelhantes. Trata-se de constatar se o estudante se tornou um pesquisador e um formador de pesquisadores.

O estágio no exterior ocorre no meio desse percurso. O doutorando faz contato ou passa a colaborar com um contato já existente de seu orientador com um pesquisador de outro país, que acumula méritos reconhecidos em sua área de atuação. A partir disso, estabelece algumas etapas de sua pesquisa, que poderão ter significativa melhora e progresso se forem realizadas num centro internacional, seja pelas instalações disponíveis, como laboratórios, equipamentos, bibliotecas, ou mesmo projetos em andamento ou, tão ou mais importante do que isso, pela possibilidade de discutir metodologias e resultados de pesquisa sob uma nova ótica.

Para obter o financiamento de seu estágio, o pós-graduando concorre a uma bolsa de estudos que compreende, além da mensalidade, seguro-saúde e as passagens de ida e volta para o destino em que será realizado o estágio. Tanto a CAPES como o CNPq e, mais recentemente, a FAPESP, no estado de São Paulo, oferecem uma linha de bolsas de estudo para estágio sanduíche. As agências também convergem no período concedido, que, em geral, pode variar de quatro meses a um ano. As condições de obtenção da bolsa são bem objetivas e atendem a critérios de pertinência do pedido: a necessidade comprovada de fazer parte da pesquisa fora do país. Os ganhos que o estudante obterá com o período no exterior e a aceitação institucional por parte das duas universidades, a brasileira e a estrangeira, são os principais pontos analisados para a concessão da bolsa de estudos. Além disso, são valorizados durante a seleção dos candidatos os méritos comprovados do doutorando, como apresentar excelentes históricos escolares e publicações de seus resultados de pesquisa em revistas científicas indexadas. Uma vez obtido o financiamento, cabe ao estudante providenciar seu visto, sua passagem e todos os passos necessários à viagem.

No exterior, o doutorando terá acesso aos mesmos meios de pesquisa que um estudante do país em que estagia. Poderá discutir o trabalho com seu orientador no exterior, participar de grupos de estudo, utilizar os laboratórios, as bibliotecas, as salas de informática, enfim, disporá de um novo contexto em que sua pesquisa terá continuidade. E é desse novo ambiente que o progresso qualitativo de seu trabalho poderá se beneficiar. Muitas vezes, ainda que o Brasil disponha atualmente de alguns programas de pós-graduação que se equiparam aos melhores no mundo, os estudantes buscam, nos centros internacionais em que estagiam, a excelência da pesquisa e da formação acadêmica.

Nas universidades dos EUA, dos países da Europa, da Austrália, do Canadá, do Japão, entre outros, os doutorandos buscam professores que são referências internacionais na área de pesquisa e acesso aos melhores laboratórios, aos periódicos mais importantes, às bibliotecas mais completas do planeta, aos grupos de pesquisa inovadores. Procuram também o sentido mais amplo de intercâmbio: a troca de experiência, de informação, de detalhes sobre as pesquisas, sobre os campos de atuação etc. O acesso aos centros de excelência e a tudo o que eles envolvem será paulatinamente incorporado pelo trabalho de coleta de dados, de leitura e reflexão, de colocação de problemas pertinentes à pesquisa e à busca de novos caminhos e soluções, e a pesquisa receberá esses aportes e derivará numa tese mais consistente, atualizada, fruto de diálogo com outros pesquisadores, reorientada, por vezes, dado que *é próprio do trabalho científico estar aberto a novas situações, problemas e criação de respostas.*

5. BENEFÍCIOS E DESAFIOS DA EXPERIÊNCIA DE ESTÁGIO NO EXTERIOR

É evidente, portanto, que o estágio no exterior traz ganhos inestimáveis à qualidade da pesquisa desenvolvida por um estudante de doutorado. Ganhos que não são apenas técnicos e acadêmicos, mas intelectuais e culturais. Entretanto, perguntamos: quais são as dificuldades a se enfrentar durante o estágio no exterior? Não podemos nos esquecer de que o doutorando estará, durante esse período, frequentando um ambiente acadêmico diverso, que possui as qualidades, as vantagens, mas também os *problemas* de qualquer outro. Ele enfrentará a competitividade própria do ambiente, terá que recomeçar seu aprendizado no que diz respeito às regras de funcionamento dos programas de pós-graduação de países diferentes entre si, aos procedimentos burocráticos e administrativos, ao modo de se dirigir ao orientador – se for no Japão, por exemplo, a relação é extremamente hierárquica, a educação é um valor inestimável, a contenção nos costumes e nas relações pessoais é uma marca, e assim por diante.

Em outros termos, ele terá que aprender a trabalhar considerando o contexto em que se encontra, gastar tempo e energia para assimilar processos e comportamentos específicos, adequar-se à rotina daquele centro, situado naquele país, inserido naquela cultura. E tudo isso com um desafio a mais: estará se comunicando numa língua que, na maioria das vezes, não é a sua, o que traz imensas dificuldades, sobretudo numa possível situação de mal-entendido ou mesmo de conflito. O estudante estrangeiro tem que se esforçar em dobro, isso é fato, e o dispêndio de esforço poderia estar direcionado apenas ao trabalho de pesquisa e à construção da tese, se ele tivesse permanecido em seu país durante os quatro anos de doutoramento... então, vale a pena?

Ora, sabemos que nada conquistamos de importante sem enfrentar desafios, aprendendo com eles e esforçando-nos para superá-los. Apenas por isso o estágio de doutorado no exterior já seria compensatório. Mas há bem mais a extrair dele. Além do nível de exigência duplicar, a realização da pesquisa num centro internacional nos torna efetivamente melhores pesquisadores, uma vez que teremos, ao fim e ao cabo, realizado o trabalho de doutorado em dois contextos, duas instituições, tendo experiências distintas e complementares. É notório que a formação assim obtida terá qualidade superior a um trajeto mais homogêneo ou mesmo inercial. Ela envolveu superação de dificuldades e acesso a todas as vantagens acima mencionadas. Há um enriquecimento intelectual inegável em ser obrigado a trabalhar em outra língua, expondo-se ao contato e às cobranças de um grupo diferente daquele ao qual estávamos habituados em nosso país. Se o objetivo do doutoramento é a evolução de um profissional que realizará pesquisa especializada e tecnicamente complexa, escreverá artigos relevantes, ou mesmo livro, e, eventualmente, exercerá a docência em nível superior, o estágio no exterior o torna mais preparado e lhe traz uma abertura de horizonte que, se bem vivida e refletida, exercerá influência sobre seus colegas, seus alunos e seus possíveis orientandos no futuro.

Viver no exterior abre nossa mente, amplia nossa visão de mundo, dando-nos oportunidades de aprendizado mesmo em situações banais, tais como ir à padaria, tomar um café ou ter que procurar um remédio para dor de cabeça. A abertura de horizonte proporcionada pela experiência de vida em outro país, outra cultura, outra língua, outro contexto social e político, tem um significado bem expressivo na formação dos cientistas. Aqui chegamos a outro ponto da questão do estágio: os ganhos pessoais. Viajar é uma atividade que produz muito prazer, a indústria do turismo bem o mostra. Quando um estudante de pós-graduação realiza estágio no exterior, ele viaja, mesmo que permaneça todo o tempo na mesma cidade.

A viagem é uma atividade que agrada profundamente às pessoas curiosas, tudo é diferente, há belezas e novidades a serem desfrutadas, a comunicação em outra língua é instigante e nos ensina algo a cada momento; uma palavra, uma frase, uma expressão idiomática estranha, um gesto. Enfim, quando viajamos para lugares diferentes, especialmente para fora de nosso país, nossa atenção está em constante estado de excitação, nossa mente parece trabalhar muito mais, até ocorre de voltarmos cansados... ora, cientistas são seres curiosos, e a curiosidade é, nessa profissão, uma qualidade extremamente positiva. O contato cotidiano com outra cultura tem efeitos muito claros sobre nossa capacidade de reflexão, sobre nossa intelectualidade. E o pesquisador que estuda para obter doutorado não é um técnico; na verdade, parte de sua formação é técnica, mas ele se destacará na exata medida em que utilizar a técnica para fins mais elaborados, como a criação de teorias, a solução de questões vitais ao campo de pesquisa ao qual se dedica, o aprimoramento qualitativo do trabalho científico, enfim, uma série de objetivos que significam sobretudo *aprimoramento humano*.

Tudo o que experimentamos e aprendemos no período em que vivemos em outro país pode ser objeto de reflexão, pode nos fazer repensar valores, aperfeiçoar comportamentos, exercitar nossa tolerância, enfim, nos fazer mais maduros e conscientes. Ora, o doutorando será, possivelmente, um professor (e isso mesmo que não siga a carreira acadêmica!). Um profissional cuja tarefa é formar os futuros profissionais que atuarão no mercado de trabalho, nas instituições governamentais, nas escolas etc., e também os futuros pesquisadores que atuarão na universidade. Assim, é mais do que evidente o modo como uma experiência desse tipo pode transformar um docente e, por consequência, aqueles que ele influenciará. Isso significa que esses ganhos que citamos acima como "pessoais" são, na verdade, institucionais. É todo o contexto da instituição que se beneficiará do fato de que um estudante de doutorado aprimorou sua capacidade de pensar, de refletir, de conviver socialmente no trabalho e de ser pesquisador. E quando nos referimos ao contexto institucional, é em sentido amplo: a universidade de origem ganhará um doutorando em fase de finalização da tese que incorporou os benefícios do estágio, a empresa em que esse profissional atuar contará com alguém muito qualificado e experiente, a instituição que posteriormente acolher o novo doutor poderá transformar esses benefícios em qualidades concretas no exercício da docência e da pesquisa a qual ele se dedicará. Em cadeia, os benefícios se estendem à sociedade e ao país, já que a educação é um pilar de ambos.

Estes últimos pontos comentados referem-se a consequências mais profundas e de longo prazo do estágio sanduíche. Cabe ressaltar aqui, ainda, algumas vantagens mais imediatas do trabalho no exterior por parte de um estudante de pós-graduação. Elas se referem aos contatos estabelecidos nos centros de pesquisa. Por mais que possamos, atualmente, estabelecer comunicação via internet, através de e-mail, chamadas em vídeo, teleconferências etc., nada substitui o convívio pessoal quando se trata de aprendizado e de troca de experiências. No caso do profissional da pesquisa, esse aprendizado pode derivar em colaborações efetivas e duradouras que se transmitem aos colegas, que podem ecoar inclusive no orientador. As redes atuais de pesquisa muito se alimentam das trocas pessoais em estágios de pesquisadores, sejam eles seniores, juniores ou alunos. A partir da orientação conjunta de um bolsista sanduíche podem surgir pesquisas conjuntas, publicações coletivas e mesmo uma coorientação, isto é, a efetiva participação de um docente do exterior no trabalho de pesquisa e tese do estudante. Nós nos concentramos aqui no comentário sobre a modalidade de estágio no exterior conhecida como doutorado sanduíche, e isto porque ela é um bom paradigma para explicitar aspectos e qualidades de todo e qualquer estágio.

O trabalho de colaboração que se concretiza num estágio desse tipo pode também ser encontrado no que se denomina cotutela de tese. Essa atividade resulta em duplo diploma de doutorado, os quais são outorgados pela instituição brasileira e estrangeira, assumindo que as atividades do doutoramento, tanto a realização de disciplinas quanto da pesquisa, foram desenvolvidas em colaboração estreita entre as duas universidades. As normas para cada tese de cotutela são acordadas em convênio específico entre as duas instituições envolvidas. Como é de se esperar, nestes acordos exige-se que uma parcela importante do trabalho de tese (por exemplo, um terço do período de doutoramento) seja realizado no exterior.

Considerando-se a necessidade de aprovação de convênio específico para a tese em questão, diversos procedimentos administrativos estão envolvidos para a aprovação deste acordo. É possível preparar uma tese única, com resumo substancial na língua estrangeira, a qual é depositada em cada instituição, segundo suas normas próprias. É também possível realizar uma defesa única da tese, com apresentação resumida e parte da arguição na língua estrangeira. A realização de doutorado em cotutela de tese tem sido privilegiada como forma de mobilidade por alguns grupos de pesquisa do exterior, pois permite maior interação entre os pesquisadores envolvidos (doutorando e orientadores), gerando maior envolvimento no trabalho e favorecendo a continuidade da colaboração. A França tem se destacado como país de destino que favorece o desenvolvimento de teses de doutorado em cotutela.

O Brasil oferece ainda oportunidades de realização de doutorado pleno no exterior, isto é, financia a estadia de um aluno que realiza inteiramente seu doutorado numa universidade fora do país. Hoje menos comum, esse estágio tem características mais específicas e costuma ser usufruído por postulantes a áreas de pesquisa em que há lacunas no nosso país. Esse tipo de formação implica três ou quatro anos vivendo fora do Brasil e trata-se de uma experiência mais intensa e mesmo mais difícil, dado que viver um ano num país nos dá pouco tempo para nos cansar e ter que lidar com aspectos que trazem mais dificuldade de adaptação. Já em quatro anos, a imersão na cultura e na sociedade se dá mais profundamente, o que também proporciona vantagens e dificuldades. Uma das vantagens é a titulação, pois esse estudante pode obter o título de doutor por um centro internacional de renome, como Harvard, Oxford, entre outros. O interessante é que, com a globalização e o investimento na pós-graduação realizado nos últimos tempos no Brasil, uma nova modalidade de colaboração tem ganhado espaço, a dupla titulação, citada anteriormente no caso da cotutela.

Para finalizar: sanduíche, doutorado pleno, dupla titulação, cotutela, pouco importa. O relevante mesmo é o período em que se trabalha a pesquisa num outro país. Uma experiência fascinante, intensa e capaz de nos proporcionar uma evolução pessoal e profissional notável. Quem se habilita?

ORIENTAÇÕES PRÁTICAS SOBRE ESTÁGIO DE DOUTORADO NO EXTERIOR

Cabe aqui aproveitarmos a oportunidade e apresentar algumas orientações práticas para o doutorando que começa a buscar a oportunidade de estágio no exterior, orientações que são baseadas em nossas próprias experiências pessoais e no acompanhamento de nossos estudantes:

- O ideal é iniciar a busca e a preparação para o estágio no exterior com bastante antecedência, como, por exemplo, pelo menos um ano antes da viagem, uma vez que diversas providências que não são imediatas deverão ser tomadas para viabilizar o estágio, entre estas: as negociações de aceite e plano de trabalho entre o estudante e seus orientadores no Brasil e no exterior; a aprovação da bolsa de estudos; a aprovação do visto para o país escolhido; o aperfeiçoamento no novo idioma etc.

- Será necessário realizar um acompanhamento constante das solicitações de documentos, a fim de atender as exigências dentro dos prazos estabelecidos, uma vez que o processo deve passar por diversas instâncias dentro da instituição de origem e de destino, e considerando-se ainda que simultaneamente os órgãos de fomento e os consulados exigem documentos institucionais.
- De forma geral, podemos afirmar que o domínio do idioma inglês, tanto na forma oral quanto escrita, é indispensável para a interação com outros estudantes e pesquisadores, independentemente do país de destino. Além disso, o domínio do idioma próprio do país é um fator de sucesso para a estadia e o desenvolvimento das atividades, já que o esforço despendido pelo estudante no idioma do local será apreciado pelos colegas, sendo visto como demonstração de interesse pelo desenvolvimento dos relacionamentos.
- Ao chegar ao novo país para o início do estágio, obviamente, um período de adaptação de algumas semanas costuma ser necessário para que o estudante consiga iniciar suas atividades cotidianas e comece o desenvolvimento de seu trabalho a contento. É importante ter consciência disso durante a elaboração do plano de trabalho, a fim de evitar a ansiedade, que pode acompanhar as primeiras atividades.
- É muito importante que o estudante tenha como um de seus objetivos integrar-se da melhor maneira possível ao novo ambiente, agindo com profissionalismo e cultivando os relacionamentos com os colegas, o que certamente renderá bons frutos durante o estágio e posteriormente. Parte dos trabalhos iniciados no exterior será concluída no Brasil, o que permite iniciar uma colaboração produtiva com o país de acolhida.

6. CONSIDERAÇÕES FINAIS

Neste capítulo mostramos como a experiência de estágio de doutorado no exterior tem sido valorizada como aspecto relevante na formação do pesquisador. O doutorando não se prepara apenas para ser um técnico, mas, além disso, para se formar como um profissional capaz de gerar inovações, ou seja, alguém que reflete criticamente sobre seus temas de pesquisa, metodologias, enfim, sobre seu próprio trabalho na Ciência. O estágio no exterior é importante neste processo de formação, pois impõe ao estudante a imersão em um confronto diário com uma nova cultura, seus hábitos e visões de mundo, seja no ambiente acadêmico ou na vida cotidiana. Além disso, o exercício da língua estrangeira é um fator de desenvolvimento intelectual, pois predispõe o pensamento a outro modo de expressão; como ganho extra, um maior domínio do novo idioma será adquirido, habilidade muito importante para o desenvolvimento profissional. Finalmente, é importante enfatizar que existem contatos profissionais que só conseguimos estabelecer e desenvolver estando presentes no local de estágio, e que a convivência em grupos de excelência abre possibilidades de colaborações futuras, o que significa ganhos não só para o estudante, mas também para seu orientador e a instituição de origem. De outro lado, o estágio no exterior é um meio eficiente de divulgação do trabalho de pesquisa no Brasil, pois os estudantes terão muitas oportunidades de expor e compartilhar o que se faz aqui.

REFLEXÃO SOBRE A FORMAÇÃO DOCENTE NA ENGENHARIA

Prof. Dr. Roberto Tomasi[1]
Profa. Dra. Alice Helena Campos Pierson[2]

1. INTRODUÇÃO

Nas engenharias, a pós-graduação *stricto sensu* (mestrado e doutorado) se caracteriza pelo aprofundamento dos conhecimentos fundamentais e pela especialização nas respectivas subáreas de formação profissional, o que não inclui conhecimentos de pedagogia. Esse aprofundamento é realizado por meio das disciplinas e pelas dissertações e teses também dedicadas a contribuir com o conhecimento científico e tecnológico da área específica. Dessa forma, a pós-graduação atende aos critérios da Coordenação de Aperfeiçoamento de Pessoal de Nível Superior (CAPES), que, por meio de seu sistema de avaliação da pós-graduação do país, exige a produtividade caracterizada pela quantidade de teses e dissertações e pela quantidade e qualidade das publicações científicas produzidas.

Ao mesmo tempo, nas contratações de docentes pelas universidades públicas, o primeiro critério de seleção é a titulação em uma subárea de conhecimento específica, seguido pela quantidade e qualidade das publicações científicas dos candidatos. Seguem nessa seleção uma prova de conhecimentos na área e a habilidade de exposição oral de um conteúdo, o que muitas vezes é confundido com habilidade didática. Além disso, os mesmos critérios são considerados tanto para a progressão nos planos de carreira docente implantados nas universidades públicas quanto nas avaliações das instituições de Ensino Superior em geral, realizadas pelo MEC, no que diz respeito à qualificação docente. Assim, fica evidente que, como política de Estado e também como prática adotada pelas universidades, independentemente do que dizem seus projetos político-pedagógicos, assume-se implicitamente que, para a docência em nível superior, é suficiente contar com profissionais que, por meio da pós-graduação ou do exercício profissional, dominem o conteúdo de suas áreas de conhecimento específicas. Esse entendimento sobre a capacitação

---

[1] Professor aposentado do Departamento de Engenharia de Materiais da UFSCar. Foi coordenador do curso de Engenharia de Materiais e pró-reitor de graduação da UFSCar. Foi professor corresponsável da disciplina "Prática de Ensino em Engenharia e Ciência de Materiais" do Programa de Pós-Graduação em Ciência e Engenharia de Materiais (PPG-CEM) da UFSCar.

[2] Professora do Departamento de Metodologia de Ensino da UFSCar. Com ênfase no ensino de ciências, atua na formação de professores. Foi pró-reitora de graduação da UFSCar. Foi professora corresponsável da disciplina "Prática de Ensino em Engenharia e Ciência de Materiais" do PPG-CEM/UFSCar.

docente encontra-se presente não apenas na formação do engenheiro, mas em praticamente todas as áreas de formação profissional universitária.

A ênfase no conteúdo da área de conhecimento e na realização da pesquisa é tal que, ao discutir os programas de pós-graduação com estudantes e recém-doutores, frequentemente é necessário lembrar que os programas *stricto sensu* têm, entre seus objetivos regimentais, a formação de recursos humanos destinados à docência em nível superior.

O contexto acima exposto talvez explique a estranheza com que colegas professores e estudantes perguntem: "por que incluir uma disciplina de práticas de ensino no Programa de Pós-Graduação em Ciência e Engenharia de Materiais"? A decisão de oferecer tal disciplina é uma questão superada para o PPG-CEM da UFSCar há muitos anos. No entanto, nos parece interessante uma reflexão sobre as causas da mencionada estranheza e mesmo de algumas manifestações de aprovação que, não raramente, vêm seguidas de observações como: "realmente, é importante que os pós-graduandos tenham noção de como falar em público, de como utilizar recursos multimídia e as novas tecnologias de ensino".

Os dois tipos de manifestações acima descritos são ilustrativos do entendimento comum da questão da formação docente na área da engenharia. A primeira das reações, que significa certa oposição à inclusão de uma disciplina de prática de ensino nos cursos de pós-graduação em engenharia, pode ser interpretada de diferentes modos. É a posição imediata daqueles que entendem a pós-graduação como etapa mais avançada ou especializada de formação profissional e de formação de pesquisadores. Nesse caso, o papel da pós-graduação como requisito para ingresso e progressão na carreira docente em nível superior é desprezado ou deixado em segundo plano. Por outro lado, é muito mais significativa a posição daqueles que têm compreensão da função dos programas de pós-graduação como formadores do quadro docente e defendem que isso deve ser feito por meio da formação de pesquisadores com domínio do conteúdo de suas áreas de conhecimento específicas. Assumem, portanto, que o bom domínio do conhecimento, na maioria dos casos, resulta em bom exercício da docência, inclusive no ensino, sendo a formação pedagógica ou mesmo didática dispensável ou uma perda de foco. Dentre estes estão os que manifestam indiferença do tipo: "se o estudante de pós-graduação se interessa por isso, pode até ser que seja bom para ele. Eu aprendi na prática, acho que dou boas aulas e não é agora que vou mudar". O entendimento de que a formação docente deva ocorrer pela formação de pesquisadores é predominante. Uma boa demonstração é que a mesma está incorporada às estruturas dos cursos de pós-graduação e fundamenta critérios de qualidade institucional, de contratação de docentes e de progressão na carreira docente. Enfim, como mencionado no início deste texto, é a posição implicitamente assumida como política de estado e como política e prática das universidades.

Essa posição majoritária se sustenta, em grande parte, na tradição e também pelos resultados. No Brasil, a formação de profissionais de nível superior começou a ser implantada no início do século XIX, arregimentando seus professores entre os profissionais atuantes, a maioria formada na Europa, para constituir cursos de caráter técnico, predominando então a concepção de que quem ensina é quem sabe (que sabe fazer), e o aluno, que não sabe, deve aprender o que o professor ensina. Esse ensino foi satisfatório até recentemente, atendendo à necessidade de profissionais para operar e reproduzir princípios, conceitos e tecnologias importadas. A principal mudança ocorreu apenas nos últimos 40 anos, quando as tecnologias passaram a atingir a obsolescência com maior rapidez. Com isso, em substituição à descrição e utilização de novas tecnologias, o conteúdo dos currículos passou a ter crescente ênfase nos fundamentos, que se alteram mais lentamente e que devem capacitar o profissional a entender, desenvolver ou operar as novas tecnologias. Esse tipo de ensino caracteriza-se pelo enfoque no conteúdo conceitual e por uma concepção de processo de ensino-aprendizagem centrado no professor. Essa concepção é dominante nos diferentes níveis da educação no Brasil e marcou a formação da grande maioria dos docentes atualmente em atividade. Destes, é comum ouvir: "se eu estudei e aprendi desse modo, os meus alunos podem aprender, se estudarem".

Assim, o currículo do curso é entendido como a simples somatória das disciplinas que o compõem, e cada uma dessas disciplinas é concebida como um espaço que luta por quantidade de horas de aula para cobrir toda a matéria.[3] Ensinar, entendido como transmitir conhecimento, exige que o tempo disponível possibilite ao professor apresentar todo um conjunto de conceitos, de procedimentos e informações que devem ser absorvidos pelo aluno. A ação criativa de organização e construção do conhecimento é assumida pelo professor, deixando ao aluno um papel coadjuvante de expectador, que não o valoriza como principal agente no processo de aprendizagem.

Por outro lado, ao mesmo tempo em que no ensino de nível superior, e principalmente na pós-graduação, se retira o protagonismo do aluno em sala de aula, assume-se que esse mesmo aluno deva ser responsável pela sua aprendizagem, incluindo a de encontrar suas motivações e condições para a incorporação dos novos conhecimentos apresentados pelo professor. Há a expectativa de que o aluno já tenha adquirido total autonomia para a aprendizagem, mesmo que nenhum investimento tenha sido feito nessa direção. Nesse caso, a avaliação nas disciplinas bem como a avaliação da dissertação ou tese têm o objetivo de estabelecer uma nota ou um grau para o desempenho do aluno. Nas disciplinas, o aluno é avaliado por meio de provas ou trabalhos, em sua capacidade de reproduzir os conteúdos apresentados ou de utilizá-los em soluções de exercícios ou de problemas. A avaliação da aprendizagem do aluno, relativa à sua aquisição de autonomia na busca e aplicação de conhecimentos em sua área específica, à utilização de metodologia científica e à produção de conhecimento, é referenciada pela avaliação da dissertação ou tese, pelo grau de exigência a que foram submetidos os artigos publicados e pela quantidade destes. Considera-se então que as diferenças de desempenho entre os alunos diante dos desafios dos programas de pós-graduação são suficientes para classificá-los, passando a ter peso decisivo nos concursos e processos seletivos de ingresso na carreira docente. Isso pode ser facilmente verificado nos editais de concursos publicados pelas universidades.

Voltando à questão da inclusão de algum tipo de formação didático-pedagógica no programa de pós-graduação, o segundo tipo de reação acima mencionado, de apoio, também merece reflexão. Uma expectativa muito comum entre os docentes engenheiros, com relação à existência de uma disciplina de prática de ensino no programa de pós-graduação, é a de que esta apresente a metodologia de ensino de forma objetiva e técnica. Seria como um manual prático de planejamento de aulas e de

---

3   Cunha (2005).

técnicas de utilização de recursos didáticos, em particular, os recursos propiciados pelas tecnologias de audiovisual e informática. Essa expectativa ainda é, em grande parte, decorrente da influência da concepção de ensino centrado no professor. Nessa concepção, como cabe ao professor apresentar aos alunos o conteúdo da disciplina, dependendo do seu entendimento, o professor pode assumir certo compromisso com a aprendizagem do aluno. Isso pode se traduzir no esforço por apresentar boas aulas, que, seguindo a mesma perspectiva, devem ser aquelas em que o assunto é bem explicado e o aluno, frente à clareza e inteligibilidade da apresentação, é incentivado ou motivado para o estudo. De qualquer modo, o professor se vê no centro da ação e diante da tarefa de fazer com que os alunos adquiram algum conhecimento, ou de transmitir o conhecimento aos alunos sobre um conteúdo preestabelecido. Isso pode ser um forte motivo para o crescente interesse pelas técnicas ou tecnologias aplicadas às apresentações orais, palestras e aulas expositivas.

A simples verificação dos currículos dos cursos de graduação em engenharia e dos planos de ensino das disciplinas deixa claro que a aula expositiva tem a preferência absoluta. Consequentemente, também se verifica que o aluno passa boa parte de seu tempo sentado diante de um professor. Mesmo havendo conceitos, procedimentos e habilidades que seriam mais facilmente entendidos, aprendidos ou desenvolvidos pelo aluno em atividades diferentes da aula expositiva, mesmo assim, é esta a abordagem escolhida. Porém, mesmo que a aula expositiva seja um método de ensino adequado a diversas situações, estas não justificam seu atual predomínio. Seria simplificar demais atribuir essa preferência apenas à concepção de ensino ou à falta de formação pedagógica do professor, que desconhece, ou se sente inseguro com relação a, outros métodos de ensino. Esses dois fatores são muito importantes, mas contribuem também fatores que não têm relação direta com as necessidades de aprendizagem do aluno. A aula expositiva é uma opção que permite ao professor dar conta de um conjunto crescente de conteúdos em suas disciplinas ou frente a um número elevado de alunos. É comum a inexistência de espaços diferentes da sala de aula projetada exclusivamente para aula expositiva. Esta também pode ser conveniente ao professor que se encontra sob um esforço acadêmico pressionado pelas exigências das atividades de pesquisa, de extensão e administração. Mas, de qualquer forma, esta possibilidade só se apresenta como viável e interessante nesse contexto se, na contramão das discussões pedagógicas sobre o processo de ensino e de aprendizagem, acreditarmos que aprender é assimilar um conhecimento transmitido oralmente por alguém que já o domine.

2. O PROFISSIONAL DO FUTURO E A DOCÊNCIA

Cabe aqui a questão: o que é docência em nível superior? Essa é uma questão de contornos complexos: a docência trabalha com o conhecimento e com a formação de cidadãos. A atual e inédita velocidade de expansão do conhecimento e a rápida aplicação dos novos conhecimentos em novas tecnologias, bens e serviços estão no centro dos processos globais e desiguais das transformações econômicas, sociais, culturais e políticas. Estas incluem a consciência sobre o impacto ambiental das atividades humanas e sobre as questões éticas decorrentes do acesso público à informação referentes ao controle social das atividades das corporações e dos governos. Inserida nesse contexto, a docência vem sendo repensada na busca de seu papel e vem se transformando de modo heterogêneo e conflitivo. O exercício da docência reflete ainda os diferentes princípios e objetivos das Instituições de Ensino Superior (IES) nas quais é exercida e que também buscam definir suas funções sociais e posições diante do mundo em transformação. As universidades que se colocam como objetivo estar à frente da busca de novos conhecimentos, de soluções para os problemas da sociedade, conectadas com a realidade e suas diferenças e formando profissionais que possam ser agentes ativos das constantes transformações o fazem por meio de redes de cooperação, locais e globais, integrando projetos de pesquisa, ensino de pós-graduação e de graduação e extensão. Nesses casos, a docência se caracteriza pela atuação em toda a amplitude dos objetivos da universidade.

Para continuar nossas considerações sobre a formação docente, vamos assumir que qualquer resposta dada à pergunta acima envolve a relação do docente com o ensino e que a formação de profissionais é um dos principais resultados da atuação docente, tendo grande impacto social. Certamente, as análises de conjuntura e de perspectivas para o futuro são necessárias quando definimos os perfis dos profissionais e cidadãos que queremos formar em nossas instituições de ensino.

Como já mencionado, é crescente a velocidade das transformações econômicas, sociais e culturais. Mudam os recursos disponíveis, mudam a sociedade, a economia e o mundo do trabalho. Mudam os perfis dos profissionais necessários à sociedade, mudam as culturas e, rapidamente, mudam as expectativas dos jovens que o professor encontra em sala de aula. As mudanças nos campos de atuação dos engenheiros passaram a exigir o domínio de novas competências e habilidades e também de atitudes, e o ensino de engenharia deve ser capaz de responder a isso.

A construção de currículos que promovam a formação de engenheiros com perfil adequado às novas exigências enfrenta diversos problemas, começando com as formas de lidar com conhecimentos em constante transformação. Muitos dos conhecimentos, competências e habilidades que compõem o novo perfil do profissional não podem ser traduzidos em conteúdos a serem adicionados aos currículos. Como formar profissionais para atuar em um futuro próximo pouco previsível? Como incorporar nos profissionais formados uma postura de buscar continuamente a atualização de seus conhecimentos, a revisão de conceitos e, se necessário, ser capaz de redirecionar sua atuação profissional? Diante do fluxo crescente de informação e de novos conhecimentos, como formar profissionais capazes de selecionar, de forma crítica, o que é relevante na solução de um problema? Essas questões não estão colocadas apenas academicamente. Por um lado, essas questões exigem um posicionamento institucional, como um projeto político-pedagógico com o qual a prática docente deve manter coerência. Por outro lado, nos cursos de engenharia, elas estão colocadas aos docentes, esperando-se destes respostas específicas, traduzidas em planejamento das ações de ensino e em estruturação curricular.

A análise sobre o futuro dos profissionais, no entanto, pode tomar diferentes caminhos e envolver muitos aspectos, incluindo questões filosóficas e ideológicas. São também comuns as análises comparativas com os diferentes sistemas educacionais e concepções de ensino praticadas em outros países, incluindo exemplos que colocam o estudante no centro do processo de ensino-aprendizagem.

Não há espaço aqui para entrar nessas análises, ou mesmo para listar os diversos aspectos que exigiriam consideração. Apenas para motivar a reflexão, reproduzimos abaixo um trecho de um texto de Pedro Demo.[4] Neste texto, o autor analisa as tendências da definição do profissional do futuro e o trecho abaixo resume algumas questões sobre a formação do profissional e problemas do processo de ensino-aprendizagem:

O profissional atual que geramos na universidade está ultrapassado por várias razões:

a) Porque, em vez de orientado a aprender a aprender, a saber pensar, continua escutando aulas e armazenando conhecimentos de segunda mão, requentados; toma nota e faz provas; segundo muitos professores, a qualidade de um curso se mede pela reprovação, em vez de salientar o compromisso com a aprendizagem do aluno; professor existe para o aluno aprender e deve investir tudo nisso; a avaliação só tem sentido se for para reforçar a chance de aprender, não de excluir;

b) Porque, em vez de exercitar, sobretudo as habilidades básicas de aprendizagem permanente, insiste em excesso em domínio de conteúdos que facilmente envelhecem, sobretudo nos espaços tecnológicos de ponta; ser profissional é, sobretudo, saber renovar a profissão, e esta capacidade de renovação permanente é sobretudo atributo de habilidades básicas (que poderíamos resumir em "saber pensar"), não do mero domínio de conteúdos;

c) Porque, embora não exista profissional sem o domínio específico de conteúdos, a aprendizagem não é processo cumulativo linear, mas a arte de saltar pela via do questionamento, manejando com destreza as incertezas; aprender é literalmente saber viver perigosamente;

d) Porque os alunos não sabem pesquisar, quer dizer, manejar conhecimento; não se trata de fazê-los pesquisadores profissionais, mas profissionais pesquisadores, que sabem recorrer à pesquisa como ambiente de aprendizagem e renovação infinita; esta é a razão principal da autonomia;

e) Porque os alunos não aprendem a elaborar com mão própria, preferindo engolir as aulas e os conteúdos em profunda subalternidade, por vezes entregando-se ao instrucionismo; com isso, não conseguem apresentar proposta própria, ou alçar voos próprios, ou atingir o patamar da formulação original.

3. DIRETRIZES CURRICULARES PARA OS CURSOS DE ENGENHARIA

Vimos que o ensino de engenharia vem sendo conduzido pelos conceitos tradicionais que se aplicam aos currículos vigentes e à metodologia de ensino. Ao mesmo tempo, as mudanças sociais e culturais já causam preocupações entre os docentes que manifestam, por exemplo, dificuldades com as atitudes dos estudantes. As mesmas mudanças também estão entre as preocupações dos

---

4 Demo (1999).

estudantes, que tendem a buscar complementação de formação profissional em outros espaços, dentro e fora da universidade.

O ensino de engenharia no Brasil vem sendo questionado desde o início da década de 1990. Ainda em 1990, o documento da Associação Brasileira de Educação em Engenharia (ABENGE), denominado "Perfil do engenheiro do século XXI", já avançava na análise das questões aqui abordadas.[5] A discussão se difundiu nos meios acadêmicos durante aquela década, ora induzindo iniciativas governamentais, ora sendo impulsionada por elas, como o programa Reengenharia do Ensino das Engenharias (REENGE), e depois pelo processo de elaboração das Diretrizes Curriculares Nacionais para os cursos de Engenharia. Esse movimento, com ampla participação dos docentes, produziu e vem produzindo uma crescente literatura, com diferentes enfoques e propostas.

Apesar de não refletirem toda a discussão produzida na comunidade acadêmica, tendo sido aprovadas em 2002 pela Câmara de Educação Superior do Conselho Nacional de Educação, as Diretrizes Curriculares contemplam mudanças que permitem o rompimento com a estrutura curricular e com a metodologia de ensino tradicional.[6] Uma rápida leitura das Diretrizes Curriculares de 2002 já é suficiente para expor alguns dos novos problemas que os docentes engenheiros estão enfrentando. O artigo segundo dessas diretrizes estabelece seus objetivos e abrangência:

> Art. 2º As Diretrizes Curriculares Nacionais para o Ensino de Graduação em Engenharia definem os princípios, fundamentos, condições e procedimentos da formação de engenheiros, estabelecidos pela Câmara de Educação Superior do Conselho Nacional de Educação, para aplicação em âmbito nacional na organização, desenvolvimento e avaliação dos projetos pedagógicos dos Cursos de Graduação em Engenharia das Instituições do Sistema de Ensino Superior.[7]

Ou seja, as diretrizes deixam de definir um curso de engenharia pela lista de conteúdos, disciplinas e passam a considerar nessa definição os "princípios, fundamentos, condições e procedimentos" adotados no curso e que devem ser explicitados no seu projeto pedagógico. Aqui é interessante lembrar que a exigência de que os cursos apresentem seus projetos pedagógicos foi instituída na década de 1990, passando a ser necessária a explicitação do perfil do profissional a ser formado e das condições de oferta do curso, bem como da metodologia de ensino, coerentes com a formação do profissional a que o curso se propõe formar. O projeto pedagógico substituiu a "Grade Curricular" que continha a distribuição do conteúdo em disciplinas, com suas cargas horárias em sala de aula e a distribuição das disciplinas ao longo do curso. O primeiro desafio ao docente engenheiro já se apresenta: como demonstrar em um projeto pedagógico que os "princípios, fundamentos, condições

---

5   ABENGE (1990).
6   Conselho Nacional de Educação (2002).
7   Id., p. 1.

e procedimentos" adotados no curso estão em acordo com as diretrizes? Os artigos terceiro e quarto definem os aspectos gerais a serem contemplados no perfil do engenheiro a ser formado.[8]

> Art. 3º O Curso de Graduação em Engenharia tem como perfil do formando egresso/profissional o engenheiro, com formação generalista, humanista, crítica e reflexiva, capacitado a absorver e desenvolver novas tecnologias, estimulando a sua atuação crítica e criativa na identificação e resolução de problemas, considerando seus aspectos políticos, econômicos, sociais, ambientais e culturais, com visão ética e humanística, em atendimento às demandas da sociedade.[9]
>
> Art. 4º A formação do engenheiro tem por objetivo dotar o profissional de conhecimentos requeridos para o exercício das seguintes competências e habilidades gerais: aplicar conhecimentos matemáticos, científicos, tecnológicos e instrumentais à engenharia; projetar e conduzir experimentos e interpretar resultados;
>
> I. conceber, projetar e analisar sistemas, produtos e processos;
>
> II. planejar, supervisionar, elaborar e coordenar projetos e serviços de engenharia;
>
> III. identificar, formular e resolver problemas de engenharia;
>
> IV. desenvolver e/ou utilizar novas ferramentas e técnicas;
>
> V. supervisionar a operação e a manutenção de sistemas;
>
> VI. avaliar criticamente a operação e a manutenção de sistemas;
>
> VII. comunicar-se eficientemente nas formas escrita, oral e gráfica;
>
> VIII. atuar em equipes multidisciplinares; compreender e aplicar a ética e responsabilidade profissionais;
>
> IX. avaliar o impacto das atividades da engenharia no contexto social e ambiental;
>
> X. avaliar a viabilidade econômica de projetos de engenharia;
>
> XI. assumir a postura de permanente busca de atualização profissional.[10]

Esses dois artigos resumem as mais consensuais entre as conclusões de uma complexa discussão sobre a formação de engenheiro como profissional capaz de atuar em uma realidade em constante mudança. O perfil de profissional descrito no artigo 3º deixa de apresentar conteúdos para descrever competências e atitudes. Esse perfil nos coloca algumas questões, por exemplo: nos cursos de engenharia atuais, quais são as ações curriculares planejadas e realizadas para promover a formação humanista, crítica e reflexiva? Como desenvolver a criatividade nos profissionais de engenharia? Como formar um profissional que responda à tendência de uma crescente diversidade de funções que lhe são atribuídas? Essas funções, baseadas na competência em conceber e aplicar tecnologias

---

8 Nota dos organizadores: em janeiro de 2019, novas diretrizes curriculares foram aprovadas pelo Conselho Nacional de Educação, com foco em tornar os cursos mais dinâmicos e práticos. Veja Brasil (2019).

9 Conselho Nacional de Educação (2002, p. 1).

10 Id., p. 1.

em constante evolução, implicam em crescente responsabilidade com as questões sociais, ambientais e econômicas. Como capacitar os engenheiros a reconhecer e assumir essas responsabilidades? Além disso, como avaliar se os objetivos de competências e habilidades foram atingidos? Todas essas questões correspondem a problemas de metodologia a serem resolvidos.

Por outro lado, pode-se dizer que o artigo 4º lista competências e habilidades que, em grande parte, já estavam entre as tradicionalmente esperadas de um engenheiro.[11] No entanto, apesar de esperadas e em acordo com as atribuições profissionais dos engenheiros, tais competências e habilidades não apareciam nos currículos nem havia um planejamento intencional do ensino para desenvolvê-las. Isso deve ser contemplado no projeto pedagógico do curso, como estabelece o artigo 5º, abaixo.

> Art. 5º Cada curso de Engenharia deve possuir um projeto pedagógico que demonstre claramente como o conjunto das atividades previstas garantirá o perfil desejado de seu egresso e o desenvolvimento das competências e habilidades esperadas. Ênfase deve ser dada à necessidade de se reduzir o tempo em sala de aula, favorecendo o trabalho individual e em grupo dos estudantes.
>
> § 1º Deverão existir os trabalhos de síntese e integração dos conhecimentos adquiridos ao longo do curso, sendo que, pelo menos um deles deverá se constituir em atividade obrigatória como requisito para a graduação.
>
> § 2º Deverão também ser estimuladas atividades complementares, tais como trabalhos de iniciação científica, projetos multidisciplinares, visitas técnicas, trabalhos em equipe, desenvolvimento de protótipos, monitorias, participação em empresas juniores e outras atividades empreendedoras.[12]

É interessante notar que ao exigir explicitação da metodologia de ensino, o artigo acima deixa de mencionar disciplinas para se referir a um "conjunto de atividades", passando a recomendações que incluem "reduzir o tempo em sala de aula, favorecendo o trabalho individual e em grupo dos estudantes", dentre os quais "trabalhos de síntese e integração dos conhecimentos adquiridos ao longo do curso" e a inclusão no currículo de "atividades complementares". Todas essas recomendações apontam na direção de deslocar o centro do processo de ensino-aprendizagem para o aluno. Os demais artigos das diretrizes, em resumo, ainda abordam: os conteúdos, que podem ser combinados de diferentes maneiras para caracterizar a modalidade de um curso de engenharia; a *obrigatoriedade* do estágio curricular supervisionado e do trabalho de final de curso e aspectos da avaliação do currículo e dos alunos.[13]

---

11 *Idem.*

12 Id., p. 1.

13 Nota dos organizadores: outro ponto interessante incluído no Plano Nacional de Educação 2014-2024 (Lei 13.005/2014) é a integralização de, no mínimo, dez por cento do total de créditos curriculares exigidos nos cursos de graduação, através de programas e projetos de extensão em áreas de pertinência social.

Merece destaque a definição, nas diretrizes, dos princípios gerais para a avaliação dos alunos: "as avaliações dos alunos deverão basear-se nas competências, habilidades e conteúdos curriculares desenvolvidos tendo como referência as Diretrizes Curriculares". Com isso, temos mais um aspecto que reforça a orientação para a mudança de enfoque e representa mais um problema a ser enfrentado pelo docente, acostumado com as provas escritas que avaliam a capacidade do aluno em reproduzir definições e explicações de conceitos e de repetir procedimentos em soluções de *exercícios*.

4. CAPACITAÇÃO DOCENTE

De toda a discussão acima extraímos duas observações gerais conflitantes sobre a capacitação docente:

a) A primeira é referente a todo o sistema vigente que regula a formação da docência em nível superior, dos cursos de pós-graduação, passando pelos critérios de contratação e de progressão na carreira docente, até os critérios de avaliação institucional com relação ao corpo docente, que considera titulação e publicação de artigos. O esforço docente é avaliado apenas pela carga horária, enquanto o empenho pela qualidade de ensino não é reconhecido ou recompensado. Nesse sistema, a capacitação docente se caracteriza pelo aprofundamento dos conhecimentos específicos das respectivas subáreas de formação profissional, o que não inclui conhecimentos de pedagogia ou didática. Assume-se implicitamente que, para a docência em nível superior, é suficiente contar com profissionais que dominem o conteúdo de suas áreas de conhecimento específicas;

b) A segunda se refere à constatação, sobre a qual não há muitas divergências, de que há necessidade de significativa mudança do perfil dos profissionais de engenharia a serem formados. Os processos de rápidas transformações econômicas, sociais, culturais e políticas que vemos ocorrer no momento estão fundados na crescente velocidade de expansão do conhecimento. Mudam rapidamente os principais objetos da docência, o conhecimento e o perfil do profissional para atuar nessa nova realidade em transformação. Também não se observam grandes divergências entre os docentes de engenharia em caracterizar o novo perfil de profissional por meio de um conjunto de competências, habilidades e atitudes.

O conflito produzido por esses dois aspectos da realidade atual decorre do fato de que todas as características do sistema de capacitação e de atuação do docente são decorrentes do ensino tradicional e favorecem a reprodução da concepção deste, enquanto o novo perfil de profissional se caracteriza por competências, habilidades e atitudes, e não pelo conteúdo. A concepção de ensino predominante encontra dificuldades para responder às necessidades de aprendizagem para formação de profissionais com o novo perfil. Assim, a implantação das Diretrizes Curriculares nos cursos de engenharia, iniciada em 2002 com o objetivo de promover a mudança de perfil do engenheiro, encontra ainda hoje grande resistência.

Os projetos pedagógicos dos cursos, geralmente elaborados com a participação do corpo docente, tendem a refletir as contradições acima mencionadas: o perfil do profissional, a metodologia de ensino e o processo de avaliação dos alunos são abordados de modo a atender às diretrizes, como uma declaração de intenção; por outro lado, diante do desenvolvimento do conhecimento, prevalece a visão de que basta o docente se manter atualizado e realizar as necessárias mudanças nos conteúdos, além de estruturar todo o currículo a partir de uma grade de disciplinas na qual são incorporadas, igualmente, na forma de disciplinas, as atividades de síntese e integração dos conhecimentos. Parte dos docentes dos cursos ou não lê o projeto pedagógico ou procura enquadrá-lo naquilo que entende por ensino. Esses docentes vão encontrar na grade de disciplinas os conteúdos que eles passarão aos alunos.

Fica evidente que a implantação plena das Diretrizes Curriculares representa uma ruptura conceitual que, além dos docentes, enfrenta também a resistência dos alunos, que encontram no ensino tradicional maior conforto e menor incerteza com relação à avaliação.

Algumas das perguntas que se colocam aos docentes engenheiros:

- Os atuais docentes podem cumprir a missão de implantar efetivamente as necessárias transformações no ensino de engenharia?
- Como desenvolver no aluno a autonomia para aprender, fazer com que ele aprenda a aprender?
- Como fazer com que os alunos tenham atitudes empreendedoras e inovadoras?
- É possível formar profissionais criativos? É possível ensinar criatividade?

Apresentar conteúdo, segundo a concepção de ensino-aprendizagem tradicional, centrada no professor, é uma atividade familiar ao docente engenheiro, pois foi com ela que o professor acredita ter adquirido boa parte do conhecimento que domina, podendo reproduzir e adequar para si as melhores práticas que conheceu ou experimentou. Ocorre o contrário quando esse docente se encontra diante da tarefa de estabelecer as condições para um processo centrado no aluno, tendo como objetivo o desenvolvimento de competências, habilidades e atitudes. Isso envolve o domínio de conhecimentos específicos e gerais típicos da atuação profissional, mais familiares aos docentes que se dedicam à pesquisa e extensão, além do ensino. No entanto, faltam-lhes conhecimentos pedagógicos necessários para planejar processos de ensino-aprendizagem que mobilizem e estabeleçam as condições para que os alunos desenvolvam tais competências. Também a falta de experiência pessoal e de conhecimento de exemplos práticos de ensino em sua área específica pode levar o docente a questionar a possibilidade de "ensinar" tais competências. Quais seriam os conhecimentos, as competências, habilidades e atitudes necessárias aos docentes?

Vamos supor que um docente de engenharia se disponha a buscar um melhor entendimento de novos conceitos aplicados aos processos de ensino-aprendizagem com a intenção de planejar sua atividade de ensino, de acordo com o novo projeto pedagógico de seu curso. Nesse caso, o docente precisaria tomar conhecimento desse projeto pedagógico e identificar nele suas atribuições de ensino. Essas atribuições seriam definidas pelas metas de competências, habilidades e atitudes a serem desenvolvidas pelo aluno. Diante disso, caberia ao docente o planejamento de suas atividades de modo coerente. Isso implica em interação com os demais docentes, planejamento de aulas considerando a mudança para um processo de aprendizagem centrado no aluno. O professor deixaria de assumir a posição de único detentor do conhecimento a ser ensinado para assumir uma postura mais próxima à de um orientador, dando condições para o aluno trabalhar em busca de conhecimentos coerentes com o perfil do profissional a ser formado. Também coerente com esse perfil, para cada tipo de aprendizagem pretendida para o aluno, o professor precisaria buscar diferentes abordagens e metodologias de ensino. Em um contexto de mudança de concepção do processo de ensino-aprendizagem, o docente teria que estabelecer estratégias de superação da resistência dos alunos.

Assim, torna-se clara a necessidade, para um docente de engenharia, de incorporar conhecimentos desenvolvidos pelas ciências da educação e pela pedagogia, a começar pela discussão conceitual de como ocorre o incremento do conhecimento de um indivíduo sobre um assunto e sobre as formas de avaliar esse incremento. Não existe receita genérica para as situações de ensino-aprendizagem; cada professor tem suas próprias características, encontra-se em um contexto particular quanto aos alunos, às condições de ensino e às competências, habilidades e atitudes a serem desenvolvidas e, portanto, cabe ao professor buscar e promover condições para o processo de ensino-aprendizagem. Mesmo que o professor engenheiro tenha de enfrentar o que ele chama de "pedagogês", é nas ciências da educação que vai encontrar os fundamentos que permitem uma melhor compreensão do próprio processo de ensino-aprendizagem. Esses conhecimentos ajudam o professor no planejamento de suas ações de ensino, incluindo: caracterizar os diferentes tipos de aprendizados desejados ou de resultado a ser obtido; ter uma compreensão dos processos pelos quais o aluno desenvolve sua aprendizagem; identificar os tipos de motivações, informações e demais condições que são mais adequadas para promover um determinado processo ou um determinado tipo de aprendizado junto ao aluno; identificar e considerar as diferenças entre os alunos.

5. A DISCIPLINA "PRÁTICA DE ENSINO EM ENGENHARIA E CIÊNCIA DOS MATERIAIS"

A disciplina "Prática de ensino em Engenharia e Ciência dos Materiais" foi criada em 1997 pelo Programa de Pós-Graduação em Ciência e Engenharia de Materiais (PPG-CEM) da UFSCar. A possibilidade de que bolsistas de pós-graduação participem de atividades didáticas de graduação foi aberta, naquele momento, por decisão conjunta da CAPES e do CNPq. A UFSCar, ao regulamentar internamente essa atividade para seus pós-graduandos, implantou o Programa de Estágio Supervisionado de Capacitação Docente (PESCD), que, como define sua resolução[14] de criação,

---

14 UFSCar (1997).

visa aprimorar a formação dos pós-graduandos através de preparação pedagógica e realização de estágio em disciplinas de graduação.

A participação do pós-graduando no PESCD, com atribuição de créditos ao aluno, é condicionada à apresentação de um plano de atividades em uma disciplina de graduação, sob a supervisão do professor responsável por ela. O estágio é realizado no período máximo de um semestre para mestrandos e dois semestres para doutorandos, com carga horária assumida pelo estagiário, limitada ao máximo de 30% da carga horária da disciplina que irá acompanhar. Considerando-se a possível deficiência de formação pedagógica do professor responsável pela disciplina, este tem a opção de incluir a participação de um professor orientador pedagógico (um professor da área de educação da universidade ou com formação em área afim).

Na resolução de criação do PESCD, fica evidente a intenção da universidade de evitar que o estágio adquira um caráter auxiliar ou mesmo de diminuição do esforço docente dos professores responsáveis pelas disciplinas de graduação. Foi sob a mesma perspectiva da universidade que o PPG-CEM condicionou a atribuição de créditos aos pós-graduandos pela realização do estágio à realização de uma disciplina de prática de ensino como correquisito.

A disciplina foi concebida não apenas como forma de acompanhamento sistemático das atividades de estágio, mas principalmente com o objetivo de contribuir com um apoio pedagógico na elaboração e avaliação do planejamento e na execução das atividades de estágio, promovendo a troca de experiência e a discussão entre os estagiários e, assim, criando oportunidades de aprendizado sobre o processo de ensinar a partir de diferentes formas de abordagem.

No atual contexto, que exige mudanças no ensino de engenharia e na prática da docência, o processo de aprendizagem do estagiário não pode ficar restrito à experiência apenas com a disciplina em que realiza o estágio. Procura-se superar o possível isolamento da disciplina com relação ao projeto pedagógico do curso e às demais disciplinas e limitações que os atuais docentes de engenharia podem ter com relação a sua formação específica na área de educação. Por outro lado, as atividades da disciplina, acompanhando e discutindo a realização dos estágios, geram oportunidades para introduzir novas compreensões do processo de ensino e o questionamento da mera reprodução de práticas tradicionais do ensino de engenharia, podendo envolver, nesse processo, tanto o estagiário como o professor responsável pela disciplina de graduação. Tanto as questões relativas à introdução de novas compreensões do processo de ensino aqui mencionadas como as de metodologia de ensino, mencionadas mais acima, no ambiente das atividades práticas em andamento encontram espaço e interesse para a leitura e discussão de textos teóricos.

6. CONSIDERAÇÕES FINAIS

Diante da atual dinâmica de transformação da sociedade, vemos mudar rapidamente os principais objetos da docência: o conhecimento e o perfil do profissional que deverá atuar nessa nova realidade em transformação. Acrescenta-se ao quadro a constante mudança nas expectativas e nas atitudes dos novos estudantes diante do conhecimento e de sua formação. Representando ainda tímidas respostas às novas demandas, a implantação das Diretrizes Curriculares para os cursos de Engenharia encontra barreiras que ainda não estão sendo enfrentadas.

A formação dos profissionais com o perfil desejado exige métodos de ensino para os quais a concepção tradicional, ainda dominante na formação dos docentes, não apresenta resposta. Enquanto essa concepção tradicional é mantida em nosso sistema de ensino pelas políticas de capacitação, contratação e avaliação docente, uma nova concepção e prática de ensino, preconizada nas diretrizes, exige dos docentes o enfrentamento de um processo de ruptura conceitual. Ou seja, exige dos docentes a incorporação de conhecimentos desenvolvidos pelas ciências da educação e pela pedagogia, a começar pela discussão conceitual do conhecimento, de como ocorre o aprendizado, como caracterizar seus resultados em termos de competências, habilidades e atitudes e sobre as formas de avaliar esse aprendizado.

Os programas de pós-graduação, como parte do sistema formal de capacitação docente para o Ensino Superior, ao incorporarem uma disciplina de prática de ensino associada a um programa de estágio supervisionado de capacitação docente, estão assumindo explicitamente que, para a docência em nível superior, não é mais suficiente contar com profissionais que, por meio da pós-graduação ou do exercício profissional, dominem apenas o conteúdo de suas áreas de conhecimento específicas.

REFERÊNCIAS

Associação Brasileira de Ensino de Engenharia (Abenge). *Perfil do engenheiro do século XXI*. Brasília, 12 de setembro de 1990. versão 2.

Brasil. *Diretrizes curriculares nacionais do curso de graduação em engenharia*. Brasília: Ministério da Educação; Conselho Nacional da Educação Superior, 2019. Disponível em: http://www.abenge.org.br/file/DCNs%20Engenharias2019_aprovadas%20pelo%20CNE.pdf. Acesso em: 7 fev. 2019.

Conselho Nacional de Educação. Resolução CNE/CES 11. *Institui diretrizes curriculares nacionais do curso de graduação em Engenharia*. Câmara de Educação Superior, 11 de março de 2002.

Cunha, M. I. *O professor universitário na transição de paradigmas*. Araraquara: Junqueira & Marin Editores, 2005.

Demo, P. Profissional do futuro. *In*: Linsingen, I. V. et al. (org.). *Formação de engenheiro*: desafios da atuação docente, tendências curriculares e questões da educação tecnológica. Florianópolis: Editora da UFSC, 1999. p. 29-50.

Universidade Federal de São Carlos (UFSCar). Resolução nº 315/97, CEPE. *Dispõe sobre a instituição do Programa de Estágio Supervisionado de Capacitação Docente – PESCD*, 3 de outubro de 1997.

Leitura complementar

BECKER, F. Aprendizagem e ensino: contribuições da epistemologia genética. *In*: LINSINGEN, I. V. et al. (org.). *Formação de engenheiro*: desafios da atuação docente, tendências curriculares e questões da educação tecnológica. Florianópolis: Editora da UFSC, 1999. p. 179-195.

LINSINGEN, I. V. et al. (org.). *Formação de engenheiro*: desafios da atuação docente, tendências curriculares e questões da educação tecnológica. Florianópolis: Editora da UFSC, 1999.

LOGAREZZI, A. J. M.; LIMA, E. F.; TANCREDI, R. M. S. P. Desafios metodológicos decorrentes das novas diretrizes curriculares. *Ensino de Graduação*: Reflexões e Proposições, São Carlos, v. 3, p. 99-115, 2001.

LONGO, W. P. Reengenharia do ensino de engenharia: uma necessidade. *Revista Segurança & Desenvolvimento*, v. 220, p. 13-16, 1996. (anais do XIV Encontro Nacional de Engenharia de Produção e First International Congress of Industrial Engineering, v. III, p. 1772-1775. São Carlos, 1995).

POZO, J. I. *Aprendizes e mestres*: a nova cultura da aprendizagem. Porto Alegre: Artmed, 2002.

RIBEIRO, L. R. C. *Radiografia de uma aula em engenharia*. São Carlos: EdUFSCar, 2007.

SALUM, M. J. G. Os currículos de engenharia no Brasil: estágio atual e tendências. *In*: LINSINGEN, I. V. et al. (org.). *Formação de engenheiro*: desafios da atuação docente, tendências curriculares e questões da educação tecnológica. Florianópolis: Editora da UFSC, 1999. p. 107-118.

TOMASI, R.; PIERSON, A. H. Integração dos ensinos de graduação e pós-graduação na UFSCar: Experiência na Engenharia de Materiais. *In*: CONGRESSO BRASILEIRO DE ENSINO DE ENGENHARIA, 26., 1998, São Paulo. *Anais* [...]. v. 4, p. 1801-1812.

SOBRE OS ORGANIZADORES

DANIEL RODRIGO LEIVA

Professor-adjunto do Departamento de Engenharia de Materiais da Universidade Federal de São Carlos. Possui graduação (2003) e mestrado (2006) em Engenharia de Materiais pela UFSCar. Doutor em Física de Materiais pela Université Joseph Fourier, de Grenoble, França, e em Ciência e Engenharia de Materiais pela UFSCar (2009), tendo desenvolvido sua tese em cotutela entre as duas universidades. Durante o período de doutoramento em Grenoble, realizou suas atividades de pesquisa no Institut Louis Néel/CNRS. Seus assuntos de interesse incluem: materiais para armazenagem de hidrogênio, nanomateriais, informação tecnológica, seleção de materiais, educação em Engenharia. No DEMa/UFSCar, é atualmente coordenador institucional do Núcleo de Informação Tecnológica em Materiais – NIT/Materiais e coordenador do curso de graduação em Engenharia de Materiais.

DOUGLAS HENRIQUE MILANEZ

Pesquisador do Núcleo de Informação Tecnológica em Materiais (NIT/Materiais) do Departamento de Engenharia de Materiais da UFSCar desde 2010, atuando em diversos projetos de extensão voltados a empresas e instituições de ciência e tecnologia. Foi professor substituto da UFSCar, vinculado ao Departamento de Ciência da Informação, em 2015. Atua nas áreas de Ciência e Engenharia de Materiais, com ênfase em Seleção de Materiais e Processos; Gestão Tecnológica; Gestão da Propriedade Intelectual; Prospecção Tecnológica; Inteligência Competitiva; Bibliometria e Indicadores de C&T. Doutor (2015) e mestre (2011) em Ciência e Engenharia de Materiais e Engenheiro de Materiais (2009) pela UFSCar.

TOMAZ TOSHIMI ISHIKAWA

Engenheiro de materiais pela UFSCar, mestre em Engenharia Metalúrgica pela USP e doutor em Ciência e Engenharia de Materiais pela Rice University (EUA). Professor titular do Departamento de Engenharia de Materiais da UFSCar, onde exerce ou exerceu diversas funções, tais como vice-chefe do departamento, coordenador do programa de pós-graduação (PPG-CEM/UFSCar), coordenador de estágios, entre outras. Seu principal interesse de pesquisa é o desenvolvimento de nanomateriais para aplicações de armazenagem de hidrogênio.

Série
Apontamentos – ciências exatas, da terra e engenharias
EdUFSCar

- ACIDENTES EM EDIFICAÇÕES DEVIDOS À AÇÃO DO VENTO
  João Alfredo Azzi Pitta

- AÇÕES DEVIDAS AO VENTO EM EDIFICAÇÕES
  João Alfredo Azzi Pitta

- CALCULADORA GRÁFICA HP 50G APLICADA À ENGENHARIA
  Rodrigo Fajardo Filgueiras, Pedro Davies Rezende, Marco Aurélio Queiroz Rodrigues e Vinicius Noboru Kuranoto

- CARTILHA DA LÓGICA, A - 2ª EDIÇÃO
  Maria do Carmo Nicoletti

- CARTILHA PROLOG, A
  Maria do Carmo Nicoletti

- CONTEXTO CURRICULAR DO ESTADO DE SÃO PAULO: REFLEXÕES VIA REGISTROS DE REPRESENTAÇÃO SEMIÓTICA, O
  Paulo César Oliveira (Org.)

- CONTROLE DIGITAL DE PROCESSOS QUÍMICOS COM MATLAB E SIMULINK
  Wu Hong Kwong

- CONTROLE NA FABRICAÇÃO DE ÁLCOOL
  Cláudio Hartkopf Lopes e Maria Teresa Mendes Ribeiro Borges

- CURSO DE FÍSICA COMPUTACIONAL 1 PARA FÍSICOS E ENGENHEIROS FÍSICOS
  Regiane Aparecida Ragi Pereira

- DESENVOLVIMENTO DE MÉTODOS POR HPLC
  Quezia B. Cass e Ana Lúcia Gusmão Degani

- DESENVOLVIMENTO DE NOVOS EMPREENDIMENTOS
  Ana Lucia Vitale Torkomian e Edemilson Nogueira

- DIMENSIONAMENTO DE ELEMENTOS ESTRUTURAIS EM AÇO SEGUNDO A NBR 8800:2008
  Alex Sander Clemente de Souza

- ELETRICIDADE APLICADA À ENGENHARIA
  Maria Zanin e Ioshiaqui Shimbo

- EQUAÇÕES DIFERENCIAIS PARCIAIS COM MAPLE V
  José Antonio Salvador

- ESTRUTURA E PROPRIEDADES DOS POLÍMEROS
  Abigail Salles Lisbão

- EVAPORADORES
  Everaldo Cesar da Costa Araujo

- EXERCÍCIOS APLICADOS À FÍSICO-QUÍMICA DOS POLÍMEROS
  Abigail Salles Lisbão

- FERRAMENTAS PARA O DESENVOLVIMENTO PROFISSIONAL EM ENGENHARIA: PESQUISA, CIÊNCIA E TECNOLOGIA
  Daniel Rodrigo Leiva, Douglas Henrique Milanez e Tomaz Toshimi Ishikawa (Org.)

- FERRAMENTAS PARA O DESENVOLVIMENTO PROFISSIONAL EM ENGENHARIA: CURRÍCULO, ESTÁGIO NO EXTERIOR E DOCÊNCIA
  Daniel Rodrigo Leiva, Douglas Henrique Milanez e Tomaz Toshimi Ishikawa (Org.)

- FUNDAMENTOS DA TEORIA DE CONJUNTOS FUZZY
  Maria do Carmo Nicoletti e Heloisa de Arruda Camargo

- FUNDAMENTOS DA TEORIA DOS GRAFOS PARA COMPUTAÇÃO
  Maria do Carmo Nicoletti e Estevam Rafael Hruschka

- HIPERTEXTO DE MÉTODOS DE MATEMÁTICA APLICADA COM MAPLE V
  José Antonio Salvador

- INTEGRAÇÃO ENERGÉTICA: REDES DE TROCADORES DE CALOR
  Wu Hong Kwong

- INTRODUÇÃO À BIOFÍSICA ESTRUTURAL
  Ignez Caracelli e Julio Zukerman-Schpector

- INTRODUÇÃO À MATEMÁTICA PARA CIÊNCIAS BIOLÓGICAS
  Magda da Silva Peixoto

- INTRODUÇÃO À TECNOLOGIA AGROINDUSTRIAL
  Cláudio Hartkopf Lopes e Maria Teresa Mendes Ribeiro Borges

- INTRODUÇÃO AO CONTROLE DE PROCESSOS QUÍMICOS COM MATLAB – VOLUMES 1 E 2
  Wu Hong Kwong

- INTRODUÇÃO AO CONTROLE PREDITIVO COM MATLAB
  Wu Hong Kwong

- INTRODUÇÃO AOS CONCEITOS E CÁLCULOS DA QUÍMICA ANALÍTICA: 1. EQUILÍBRIO QUÍMICO E INTRODUÇÃO À QUÍMICA ANALÍTICA QUANTITATIVA
  Orlando Fatibello Filho

- INTRODUÇÃO AOS CONCEITOS E CÁLCULOS DA QUÍMICA ANALÍTICA: 2. EQUILÍBRIO ÁCIDO-BASE E APLICAÇÕES EM QUÍMICA ANALÍTICA QUANTITATIVA
  Orlando Fatibello Filho

- INTRODUÇÃO AOS CONCEITOS E CÁLCULOS DA QUÍMICA ANALÍTICA: 3. EQUILÍBRIO DE SOLUBILIDADE (OU DE PRECIPITAÇÃO) E APLICAÇÕES EM QUÍMICA ANALÍTICA
  Orlando Fatibello Filho

- INTRODUÇÃO AOS CONCEITOS E CÁLCULOS DA QUÍMICA ANALÍTICA: 4. EQUILÍBRIO DE COMPLEXAÇÃO E APLICAÇÕES EM QUÍMICA ANALÍTICA
  Orlando Fatibello Filho

Série
Apontamentos – ciências exatas, da terra e engenharias

- INTRODUÇÃO AOS CONCEITOS E CÁLCULOS DA QUÍMICA ANALÍTICA: 5. EQUILÍBRIO DE OXIDAÇÃO-REDUÇÃO E APLICAÇÕES EM QUÍMICA ANALÍTICA
  Orlando Fatibello Filho

- INTRODUÇÃO ÀS LIGAÇÕES QUÍMICAS
  José de Anchieta Rodrigues

- LIGAÇÕES EM ESTRUTURAS DE AÇO
  Alex Sander Clemente de Souza

- LÓGICA PARA PRINCIPIANTES
  Mark J. R. Cass

- LOGÍSTICA: VISÃO GLOBAL E PICKING
  Daniel Fernando Bozutti, Miguel A. Bueno-da-Costa e Remigio Ruggeri

- MATLAB: FUNDAMENTOS E PROGRAMAÇÃO
  Carlos Eugenio Vendrametto Junior e Selma Helena de Vasconcelos Arenales

- MECÂNICA DOS SÓLIDOS 1: TEORIA E EXERCÍCIOS ILUSTRATIVOS
  José Sergio Komatsu e André Luis Christoforo

- MECÂNICA DOS SÓLIDOS ELEMENTAR: TEORIA E EXERCÍCIOS ILUSTRATIVOS
  José Sergio Komatsu e André Luis Christoforo

- MECÂNICA DOS SÓLIDOS E INTRODUÇÃO AOS MÉTODOS NUMÉRICOS PARA ENGENHARIA CIVIL
  André Luis Christoforo e Walter Libardi

- MODELO DE APRENDIZADO DE MÁQUINA BASEADO EM EXEMPLARES: PRINCIPAIS CARACTERÍSTICAS E ALGORITMOS, O
  Maria do Carmo Nicoletti

- MODELOS PROBABILÍSTICOS APLICADOS À ENGENHARIA DE PRODUÇÃO
  Reinaldo Morabito

- PLANEJAMENTO FATORIAL EM QUÍMICA: MAXIMIZANDO A OBTENÇÃO DE RESULTADOS
  Edenir Rodrigues Pereira Filho

- PRODUTOS EDUCACIONAIS: CONTRIBUIÇÕES DE PESQUISAS NA EDUCAÇÃO MATEMÁTICA
  Paulo César Oliveira

- PROGRAMAÇÃO LINEAR: UMA ABORDAGEM PRÁTICA
  Wu Hong Kwong

- RAIOS X: DIFRAÇÃO E ESPECTROSCOPIA
  José de Anchieta Rodrigues

- REDAÇÃO DE RELATÓRIOS PARA QUÍMICOS
  André Fernando de Oliveira, Astréa F. de Souza Silva e Mário Alberto Tenan

- SISTEMAS NUMÉRICOS E TRATAMENTO DE INTEIROS NO PASCAL
  Maria do Carmo Nicoletti e Sandra Abib

- TROCADORES DE CALOR
  Everaldo Cesar da Costa Araujo

- USO DO EXCEL PARA QUÍMICOS, O
  André Fernando de Oliveira, Astréa F. de Souza Silva, Mário Alberto Tenan, Marcos Flores Júnior e Sérgio Lineu Olivo